ÉLEVER son CHAT

GUIDE PRATIQUE

POUR LE COMPRENDRE, L'ÉDUQUER, LE SOIGNER

ÉLEVER son CHAT

GUIDE PRATIQUE

POUR LE COMPRENDRE, L'ÉDUQUER, LE SOIGNER

MARK EVANS

Sélection du Reader's Digest

PARIS • BRUXELLES • MONTRÉAL • ZURICH

Cet ouvrage est l'adaptation française
de *The Complete Guide to Kitten Care,*
publié par Mitchell Beazley

Édition originale
Direction artistique : Vivienne Brar
Direction éditoriale : Samantha Ward-Dutton
Conception du projet : Jane Royston
Illustrations : Paul Griffin, Nina Pickup
Production : Juliette Butler

Adaptation française
Atelier Martine et Daniel Sassier (AMDS)
Traducteurs : Robert Jainin, Michelle Montmoulineix,
Julien Sassier, Martine Sassier
Conseiller de la rédaction : François Vallat, vétérinaire
Montage PAO : Atelier Michel Ganne

L'ouvrage a été réalisé sous la direction de l'équipe éditoriale
de Sélection du Reader's Digest
Direction éditoriale : Gérard Chenuet
Responsables de l'ouvrage : Philippe Leclerc, Caroline Lozano
Lecture-correction : Catherine Decayeux
Fabrication : Frédéric Pecqueux

PREMIÈRE ÉDITION
ÉDITION ORIGINALE
Mitchell Beazley, sous la marque de Reed Consumer Books Limited
Michelin House, 81 Fulham Road, London SW3 6RB
et Auckland, Melbourne, Singapour et Toronto

ISBN : 2-7098-0863-3

SOMMAIRE

Introduction

L'histoire commune des hommes et des chats est millénaire et, aujourd'hui, les chats domestiques font partie intégrante de notre société ; ils seraient même plus nombreux que les chiens.

Ils semblent se sentir tellement bien dans nos maisons que nous acceptons tout naturellement leur présence. Ils sont relativement faciles à adopter et, pour prendre soin d'eux, nous disposons de nombreux produits et services. Nous en oublions trop souvent que – bien qu'ils aient l'air à l'aise chez nous et qu'ils influent sur le cours de notre existence – ces animaux, fondamentalement sauvages, ne sont pas programmés à la naissance pour nous comprendre ou accepter nos habitudes.

À des degrés divers, qui dépendent de leurs modes de vie, tous les chats doivent dominer leurs instincts naturels pour cohabiter avec nous. Et de même qu'ils doivent accepter nos comportements, nous devons comprendre les leurs. Quand nous sommes en leur présence, il faut que nous puissions interpréter leur langage corporel pour comprendre ce qu'ils ressentent et ce qu'ils essaient d'exprimer.

Il ne fait aucun doute que les meilleures relations entre les chats domestiques et les hommes sont le résultat d'une compréhension, d'une tolérance et d'un respect mutuels. La confiance d'un chat ne s'attend pas ; elle se mérite. Interrogez les maîtres que vous connaissez : ils vous diront tous que s'ils ont pu tisser des liens d'amitié avec leur animal, c'est parce que celui-ci l'a bien voulu ; eux n'y sont pour rien.

Le juste choix

Vos relations avec votre futur chat s'établiront sur des fondations solides, édifiées longtemps à l'avance. Le temps que vous aurez alors passé à faire des recherches et à vous organiser à l'avance portera plus tard ses fruits. Plus vous serez attentif au choix de votre animal et plus vous vous préparerez à son arrivée, mieux vous saurez – et pourrez – vous en occuper et l'aimer correctement.

Il est toujours surprenant de constater qu'un très grand nombre de gens adoptent des chatons sur une impulsion irrépressible. On dirait que ces jeunes animaux ont l'extraordinaire faculté de nous mettre le cœur dans la tête et le cerveau dans les chaussures.

La plupart de ceux qui choisissent un chaton de race pure sont d'abord séduits par son apparence, et c'est souvent là source de problèmes. Ainsi, les siamois sont le symbole même de l'élégance, mais la plupart d'entre eux sont extrêmement bruyants ; cette particularité risque de devenir gênante si l'on apprécie le calme et la tranquillité. Les persans, eux, ont un charme indiscutable, mais il faut les brosser longuement, tous les jours, pour leur garder un beau pelage.

D'autres soucis attendront ceux qui adoptent un chat croisé ou un chat de gouttière simplement parce qu'il les a attendris quand ils ont porté les yeux sur la première portée qu'ils ont rencontrée : c'est là un mariage d'amour... définitif.

Les premières expériences

Pour vous décider à bon escient, considérez de nombreux points importants, pour vous et les vôtres. Les premières expériences d'un chaton ont toujours une grande influence sur sa personnalité future. Ainsi, s'il a eu peu de contacts avec les humains durant son enfance – ce qui peut être le cas s'il est né dans une ferme –, il sera probablement plus « sauvage » et indépendant que celui qui a été élevé dans une famille, et il s'adaptera moins bien au mode

Notre connaissance et notre compréhension des chats s'améliorent sans cesse. Les recherches représentent une part importante de mon travail de vétérinaire.

Mon chat Gorbatchov a la chance de vivre librement dans un environnement sans danger. Comme tous les chats, il a son propre territoire, qu'il est prêt à défendre.

de vie que vous lui proposerez. Avant de choisir un chaton dans une portée, posez-vous donc un maximum de questions.

Les préparatifs de l'arrivée

Ils vont demanderont beaucoup de temps. Vous, et tous ceux qui seront amenés à partager l'existence de votre petit compagnon, devez savoir comment vivent les chats, et comment ils répondront à leurs besoins physiques et comportementaux. Il vous faudra décider à l'avance si votre chaton restera à la maison ou s'il sortira, en toute liberté ou avec des restrictions.

Quelques jours ne vous suffiront pas pour éliminer tous les dangers potentiels de votre demeure et éventuellement de votre jardin, pour sélectionner et acheter tous les produits sanitaires dont vous aurez besoin et pour choisir l'alimentation de votre animal. Mais si vous vous y prenez à l'avance, vous pourrez, le moment venu, vous consacrer entièrement à lui et l'acclimater petit à petit à son nouvel environnement.

La santé et l'hygiène

Dans ce domaine, il n'y a pas de règle intangible. Tous les chats ont bien des points communs, mais celui que vous allez adopter sera unique. Les soins que vous lui prodiguerez seront différents de ceux du voisin, et même de ceux de ses frères et sœurs. L'attention que vous porterez aux besoins de votre chaton et la façon dont vous vous efforcerez de les satisfaire seront affaire de temps et d'expérience. Vous ferez appel à ce livre – ou à différents spécialistes – lorsque vous aurez un doute ou que vous chercherez un conseil, mais, en dernier recours, vous serez le seul à décider. Comme nous tous, vous commettrez quelques impairs, mais en utilisant ce guide, en restant vigilant, en abordant les soins avec diplomatie, en acceptant vos limites et en n'hésitant pas à demander de l'aide, vous corrigerez ces erreurs.

Comment utiliser ce livre

Cet ouvrage n'a pas la prétention d'être un recueil exhaustif des règles qui vous permettraient de vous occuper parfaitement de votre animal. Il se veut plutôt un guide abordant les points les plus importants auxquels doivent réfléchir tous les propriétaires avant et après l'adoption d'un chaton. J'ai réuni dans cet ouvrage le résultat des recherches les plus récentes et des réflexions fondées sur des années d'expérience au cours desquelles j'ai observé, soigné et étudié des chats de toutes les races.

En tant que futur maître, vous devez être prêt à prendre diverses décisions. Ce livre vous aidera à choisir les meilleures, en toute connaissance de cause.

Il adopte un plan logique : l'histoire du chat domestique, la naissance et les premiers jours d'une portée, les divers aménagements que vous devrez faire avant d'accueillir votre nouveau compagnon (pour éviter toute confusion, il est toujours nommé au masculin). Ensuite, pour le moment où vous aurez ramené votre animal, je propose des informations pratiques concernant notamment le toilettage, les bases de l'éducation et le mode de vie de votre chaton. La dernière partie évoque tous les soins préventifs qui lui permettront de vivre en bonne santé. Si vous en avez le temps, lisez ce livre dans son entier, puis revenez sur certains chapitres quand vous en avez besoin.

Il propose une philosophie générale , mais vous seul déciderez de la vie que vous mènerez avec votre chaton. Aucun d'entre nous ne peut prétendre être un maître idéal et – puisque nos chats ne peuvent pas nous donner leur avis personnel – personne ne le saura jamais. Cependant, en associant connaissances scientifiques, expérience et bon sens, nous pouvons devenir bien meilleurs !

Qu'est-ce qu'un chat ?

Les chats ont une histoire fascinante, écrite au long de milliers d'années. Leur aspect et leur morphologie ont cependant peu changé, et ils ont gardé nombre de leurs caractères primitifs. Ils n'en demeurent pas moins des animaux adaptables, capables de nouer des relations affectives avec ceux qui les aiment et les respectent.

L'histoire du chat domestique

Les liens qui vont se tisser entre vous et votre chaton constitueront un nouveau chapitre de cette histoire. La complicité qui unit l'homme et le félin s'est établie très progressivement, à mesure que le chat jouait des rôles très divers : chasseur de rongeurs, symbole des dieux, incarnation divine, compagnon... Elle continue aujourd'hui d'évoluer alors que des races très anciennes, comme les siamois ou les abyssins, ou plus récentes, tels les ragdolls ou les sphynx, connaissent un succès sans cesse croissant.

Grands et petits félins

La famille des félins regroupe environ 25 espèces ; or seule l'une d'entre elles a été domestiquée. Pourquoi s'est-elle si bien adaptée à notre mode de vie alors que la plupart des petits félins – ou d'autres animaux qui leur ressemblent – sont en voie d'extinction dans leur habitat naturel ?

Certes, les grands félins, tels le lion, le tigre, le léopard et le guépard, tous magnifiques, parviennent à survivre en captivité ; mais aucun d'entre eux n'est jamais devenu le proche compagnon de l'homme.

Les espèces de petits félins sont nettement plus nombreuses, mais nous les connaissons moins bien. Certaines même nous semblent étranges, comme le jaguarundi d'Amérique du Sud ou le chat manul – ou de Pallas –, une bête à poil long des steppes asiatiques, à l'aspect de lutin. Pour la plupart, ils portent une belle robe colorée et nombre d'entre eux – notamment le chat des sables et le chat marbré – ont les expressions et le regard du chat domestique. Mais nombre d'entre eux aussi sont menacés de disparition.

Le chat sauvage d'Afrique

Quel est l'ancêtre du chat domestique ? La question, longtemps débattue, a enfin trouvé une réponse grâce à une nouvelle technologie comparable à celle de l'empreinte génétique. Cet ancêtre n'est ni le chat de la jungle, ni le léopard, ni encore le chat des sables. C'est *Felis silvestris libyca*, le chat sauvage d'Afrique.

Le superbe chat sauvage d'Afrique fait bon ménage avec l'homme. Il vit au voisinage des villages, se nourrissant de proies mortes ou vivantes.

UNE LENTE ÉVOLUTION

La domestication du chat ne s'est pas faite du jour au lendemain, mais insensiblement et sur un temps très long. D'ailleurs, sa morphologie n'a pas changé pendant des siècles, et les archéologues s'interrogent souvent : les ossements qu'ils mettent au jour sont-ils ceux de chats sauvages tués pour leur fourrure ou ceux d'animaux apprivoisés morts de vieillesse ?

Les premiers Européens qui pénétrèrent en Afrique décrivent de petits félins plus tout à fait sauvages attachés dans des cases-entrepôts pour tenir les rongeurs à l'écart des réserves de nourriture. Ces chats ne s'étaient-ils d'ailleurs pas eux-mêmes rapprochés des hommes, auprès desquels ils trouvaient des proies faciles telles que les souris et les rats attirés précisément par cette abondance d'aliments ?

Une fois que ces relations furent établies, le processus de domestication pouvait commencer.

Le chat dans l'Égypte ancienne

Les anciens Égyptiens furent les premiers à évoquer le chat comme animal domestique. On leur attribue souvent l'intiative de la domestication complète de ce félin, mais celle-ci ne fut sans doute que partielle.

Plus d'un millénaire av. J.-C., ils vénéraient le chat en tant qu'animal sacré. Dans la ville de Bubastis, un temple colossal était consacré à Bastet, la déesse de la fertilité à tête de chat. Chaque année, les festivités organisées en son honneur rassemblaient plus de 750 000 fidèles. Dans toute l'Égypte, des milliers de chats étaient gardés par les prêtres des temples de cette divinité et, quand ils mouraient, ils étaient souvent momifiés et mis dans une tombe.

Les chats domestiques et leurs ancêtres se ressemblent beaucoup : aspect physique, mais aussi comportements d'affût, de chasse et de défense du territoire.

Les chats égyptiens ressemblaient beaucoup au chat sauvage d'Afrique : ils avaient de longues pattes avant, ce qui leur permettait de garder le dos droit quand ils étaient assis. Pendant des siècles, leur pelage resta rayé ou tacheté, comme celui de nos actuels chats tigrés. Une mutation entraîna l'apparition des fourrures noir pur dans les ports du nord de l'Afrique, vers 500 av. J.-C.

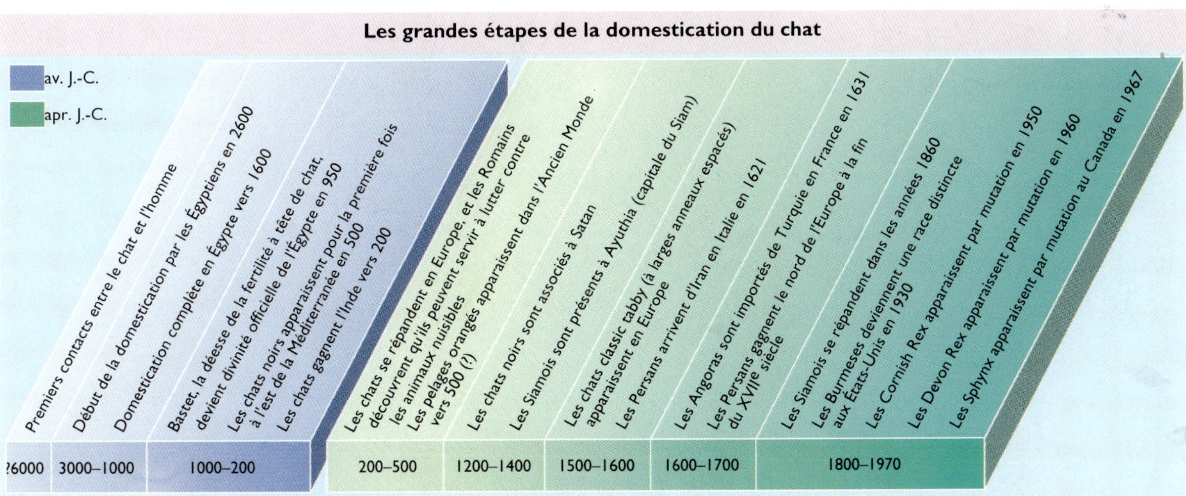

Le millénaire suivant

Les Égyptiens gardaient jalousement leurs chats, mais après la conquête de l'empire par les Romains, en 30 av. J.-C., les chats domestiques se répandirent en Europe. Ils traversèrent sans doute la Méditerranée à bord de bateaux marchands. Ils gagnèrent le nord du continent, vers 200 av. J.-C., grâce à la route commerciale qui partait de la Méditerranée, remontait le Rhône, descendait le Rhin et traversait la Manche.

Pour les Romains, ils étaient surtout des animaux domestiques, et éventuellement des destructeurs de rongeurs, mais les Celtes semblent leur avoir prêté un caractère mystique, car on a retrouvé des restes de chats sacrifiés à des divinités locales.

Au début du Moyen Âge, ils jouèrent surtout le rôle de mangeurs de rats, propagateurs des pestes qui se répandaient régulièrement, bien qu'ils aient été nombreux dans les villages et les monastères.

Du XIIIe au XVIe siècle

À cette époque, il ne faisait pas bon être chat – du moins en Europe. Le christianisme avait englobé nombre de croyances d'autres religions, y compris la vénération des anciens Égyptiens pour les chats. Cependant, à partir du XIIIe siècle, l'Église condamna ce qu'elle appelait des superstitions ; dès lors, les chats, maudits, furent massacrés par milliers.

On pensait en effet qu'ils avaient des pouvoirs sunaturels, et ils furent associés au diable lui-même. Leur capacité à retomber sur leurs pattes était attribuée à une intervention démoniaque, et la lueur de leurs yeux à une alliance païenne avec la Lune. Rendons-leur hommage pour avoir résisté à des siècles de persécutions.

Du XVIIe au XIXe siècle

Ces persécutions d'ordre religieux prirent fin au XVIIe siècle, mais des écrivains comme Ronsard, Rabelais ou La Fontaine continuèrent à les dénigrer. Il fallut attendre le milieu du XVIIIe siècle pour qu'ils soient réhabilités, puis célébrés par les romantiques.

Le XXe siècle

Depuis, la faveur des chats n'a cessé de croître. Leur propreté, leur nature indépendante et leur tempérament généralement placide en font des animaux bien adaptés à la vie en ville, et on oublie vite que leur popularité est relativement récente.

Ce chat domestique croisé et à poil court est plus petit et plus trapu que son ancêtre sauvage. Cependant, il est toujours aussi agile et capable, à l'occasion, de se comporter en redoutable prédateur.

LES RACES MODERNES

Il est probable qu'en se répandant à la fois vers le nord, en Europe, et vers l'est, en Asie, les chats domestiques s'accouplèrent avec les chats sauvages locaux. C'est sans doute ainsi que se développèrent le chat européen, à jambes courtes et nettement plus trapu, et le chat oriental, à ossature fine, qui sont en fait respectivement les cousins du chat sauvage européen et du chat du désert indien.

Les modifications de la couleur de la robe

Après le noir, l'orangé du pelage est probablement la mutation qui est apparue le plus tôt. Les autres mutations simples ont donné la panachure (taches blanches), les différents types de poil long et l'effet de « dilution » qui crée des couleurs plus claires : le noir tend vers le « bleu », l'orangé vers le crème. Les colour points des siamois, qui marquent les endroits les plus frais du corps en raison de différences de température à la surface de leur peau (voir page 109), sont aussi apparus il y a très longtemps, tout comme la queue tortillée du japonese bobtail.

Le chat « typique » est souvent un classic tabby (anneaux larges assez espacés), mais cette couleur de robe n'est apparue qu'il y a 300 ans environ, et d'abord en Angleterre. Aujourd'hui, ce type est très représenté en Grande-Bretagne, aux Pays-Bas et dans tous les pays où se sont installés des colons britanniques.

Les modifications de la morphologie

La création de nouvelles races par croisements d'animaux de robe et de morphologie spécifiques ne date que de la première exposition féline, organisée à Londres en 1871. C'est le cas des thaïs, à l'air très « oriental » , mais qui n'ont pas tous les colour points des siamois de race pure, ni leur tête triangulaire. La plupart des races sont cependant plus récentes : ainsi, les burmeses ne sont apparus que dans les années 1930.

Quand on considère l'évolution des races canines, on constate que les croisements très poussés entraînent des modifications anatomiques considérables. De même, dans l'espèce féline, les races les plus récentes ont tendance à devenir des curiosités, comme les munchkins, à pattes très courtes, ou les sphynx, nus. Ces manipulations portent sans doute préjudice au bonheur de l'espèce. Mais les chats domestiques, dans leur grande majorité, ressemblent encore à leurs ancêtres sauvages, et ils ne changeront plus guère.

Le corps des chats est une machine biologique extrêmement complexe, dont les différentes parties travaillent ensemble de façon très efficace.

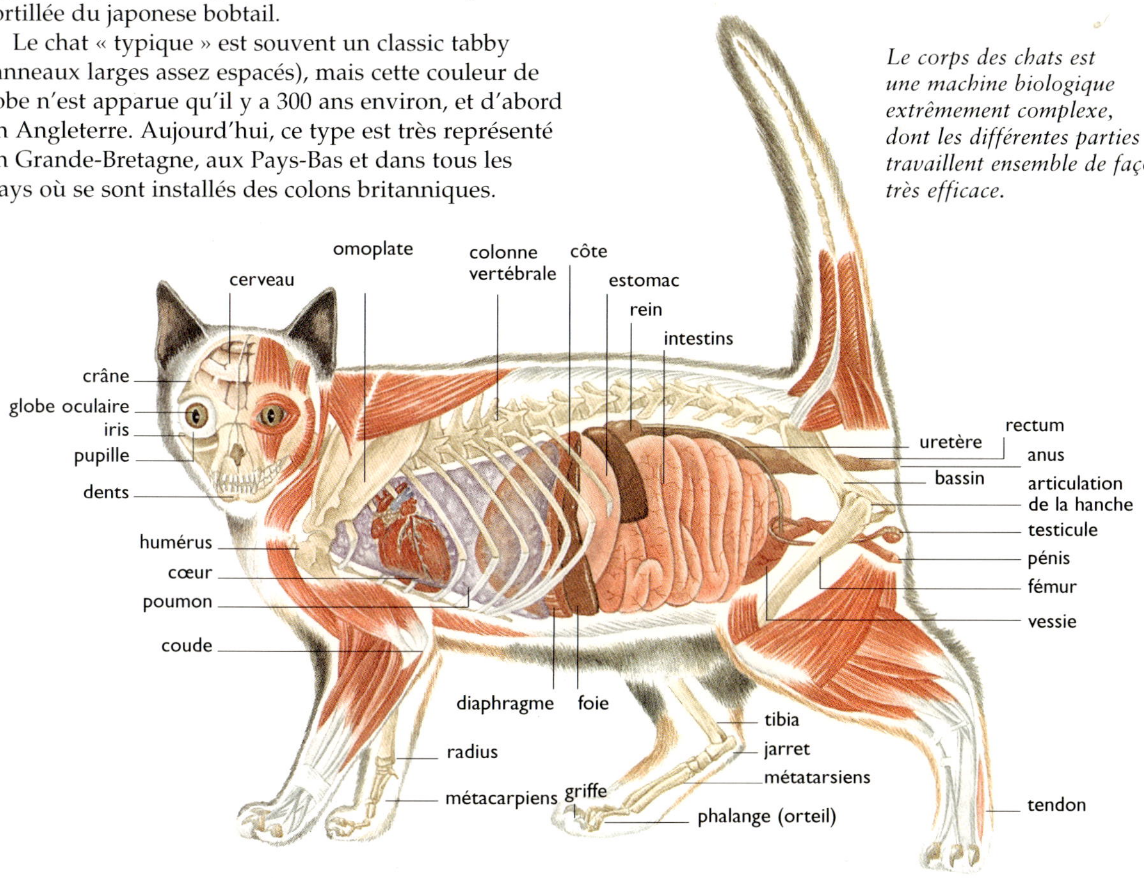

Le début de la vie

Le début de la vie d'un chaton et même sa vie intra-utérine sont fascinants. Si vous projetez d'adopter prochainement un petit compagnon, ou s'il vit déjà avec vous et que vous regrettiez de ne pas avoir été là au début, ce chapitre vous passionnera.

Le simple concept de vie avant la naissance – l'époque où un animal grandit et se développe à l'intérieur d'un autre jusqu'à ce qu'il soit prêt à affronter le monde extérieur – nous remplit toujours d'admiration. Si vous avez déjà eu un enfant, c'est un sujet que vous avez probablement évoqué maintes fois. Chez les humains, l'acte d'amour s'accompagne de tendresse ; chez les chats, il en va très différemment.

LE JEU DE L'AMOUR

Les chats mâles adultes sont en général toujours prêts pour l'activité sexuelle, et durant toute leur vie, bien que certains scientifiques pensent qu'ils produisent davantage de sperme au printemps et en été.

En revanche, les femelles n'acceptent l'accouplement que lors de périodes bien précises. Celles-ci sont influencées par la durée du jour (photopériodisme) : elles se situent entre janvier et octobre, avec parfois une interruption en plein été. Cependant, certaines femelles maintenues dans des conditions artificielles de luminosité peuvent être fécondées toute l'année.

La femelle en chaleur

Durant la saison des amours, une femelle mature a des périodes évidentes d'activité sexuelle, appelées chaleurs (voir page 123). La plupart des accouplements entre chats de race pure sont arrangés par des propriétaires qui le souhaitent. Les chats croisés et les chats de gouttière (voir page 44), eux, y mettent moins de formes et n'ont besoin de l'autorisation de personne.

L'APPEL

Quand une femelle est en chaleur, elle adopte des comportements spécifiques. D'abord, elle se montre souvent très affectueuse envers son maître et le frôle de la tête et du flanc plus souvent qu'à l'ordinaire. Elle se roule souvent sur le sol et vocalise beaucoup.

Au plus fort des chaleurs, elle adopte devant son propriétaire ou un chat une posture caractéristique. Elle étend les pattes antérieures sur le sol et aplatit le dos en fléchissant les pattes arrière et en relevant le bassin. Elle rabat sa queue d'un côté pour exposer ses parties génitales et trépigne des membres postérieurs.

Elle continue ainsi, pendant 5 à 10 jours, à vocaliser et à adopter cette posture pour attirer un ou plusieurs mâles afin de s'accoupler avec eux. Son invitation est à la fois bruyante et si explicite qu'inévitablement, elle réussit dans son entreprise.

Avant de la pénétrer, le mâle plaque littéralement la femelle au sol.

L'acte sexuel

Quand un mâle a repéré une chatte en chaleurs, ou qu'il a été volontairement mis en sa présence, il peut lancer différents cris avant de s'accoupler. Des dents, il saisit ensuite la femelle par le cou, la chevauche et la plaque au sol en lui maintenant le devant du corps avec ses pattes. Celle-ci répond en accentuant encore sa posture sexuelle. Après s'être balancé sur ses pattes postérieures, en balançant tout le corps, le mâle courbe le dos et pénètre la femelle.

La position d'accouplement

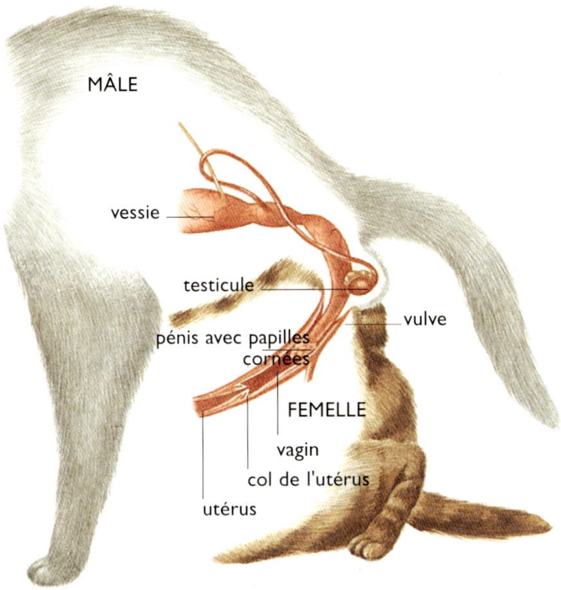

Dès qu'il a éjaculé, le mâle s'enfuit. Tandis qu'il se retire, les papilles qui couvrent son pénis stimule la paroi vaginale de la femelle, sans doute pour provoquer l'ovulation.

Des contractions très violentes du bassin pendant 5 à 15 secondes précèdent l'expulsion de son sperme.

Aussitôt après l'éjaculation, le mâle se retire rapidement, tandis que la femelle crie, généralement en essayant de le griffer. Elle a une bonne raison de réagir ainsi. Le pénis de son partenaire est en effet hérissé de papilles cornées dirigées vers l'arrière qui stimulent la vulve de la chatte pendant le rapport sexuel, provoquant ainsi sans doute l'ovulation (voir en haut, à droite). Dans ces conditions, l'intromission – et surtout le retrait – sont sans doute assez désagréables.

Le comportement postcoïtal

Dès que le mâle s'est retiré, la femelle se frotte frénétiquement sur le sol. Certains experts pensent que ces mouvements sont destinés à faire remonter le sperme qui se trouve dans son vagin vers l'utérus.

Après l'accouplement, les deux chats, chacun de leur côté, lèchent leurs propres organes génitaux en prévision d'un prochain acte sexuel : en effet, ils recommenceront sans doute plusieurs fois dans l'heure qui suit. Si l'occasion s'en présente, une chatte peut s'accoupler avec de nombreux matous pendant la durée de ses chaleurs.

L'ovulation

L'ovulation intervient 24 à 72 heures après le coït ; en moyenne, une chatte sans pedigree produira 4 ovules. Bien entendu, rien ne garantit que tous les œufs fécondés donneront un chaton, et il y a souvent plus de 4 œufs. La plupart des chattes croisées ou de gouttière ont actuellement des portées de 3 à 7 petits.

Les races orientales en ont généralement davantage – jusqu'à 10 – tandis que les races à poil long se limitent souvent à 2 ou 3. Il est très rare qu'une chatte ne donne naissance qu'à 1 chaton.

La conception

Dès qu'un œuf a été fécondé, une réaction physiologique se produit pour empêcher tout autre spermatozoïde de pénétrer le même œuf. Cependant, en théorie, une femelle qui donne naissance à une portée alors qu'elle s'est accouplée avec plusieurs mâles différents peut avoir des œufs qui ont chacun été fécondés par le sperme d'un père différent.

LA FÉCONDATION

Bien qu'il suffise d'un seul spermatozoïde pour féconder un ovule, les scientifiques pensent qu'il en faut sans doute un million pour créer un milieu favorable à la conception.

On ignore quel est le nombre d'œufs émis par la chatte qui sont fertilisés dans les tubes reliant les ovaires à l'utérus. Il leur faudra plus de 1 semaine pour atteindre l'utérus lui-même.

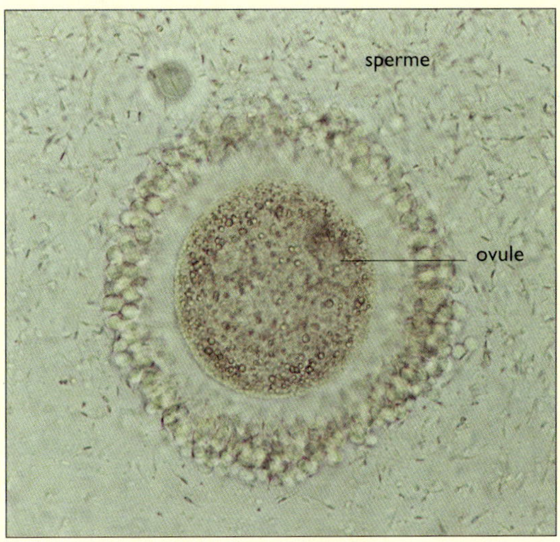

LA VIE AVANT LA NAISSANCE

Les chatons sont très démunis à la naissance, et ils dépendent entièrement de leur mère pendant les trois à quatre premières semaines de leur vie. Cette fragilité s'explique par la courte durée – 9 semaines – du temps qu'ils ont passé dans le ventre maternel.

C'est là que les embryons se développent, dans un environnement douillet. Complètement enfermés dans leur poche individuelle et plongés dans l'obscurité, ils sont nourris et maintenus au chaud et à l'abri.

Vue de la cavité utérine de la chatte

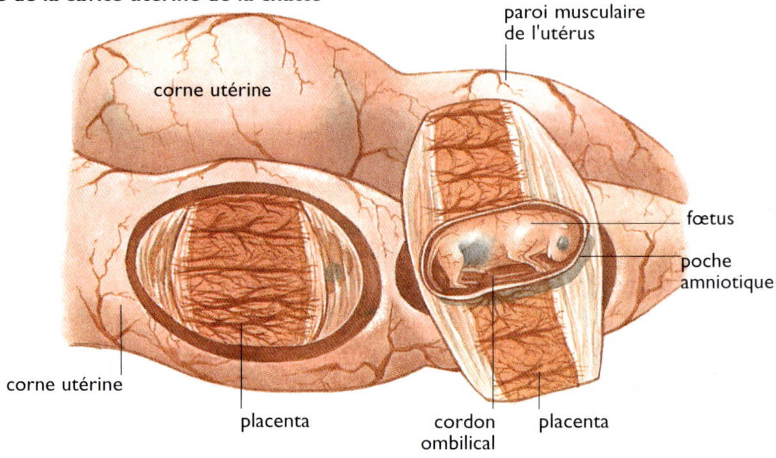

Les fœtus sont disposés le long des cornes de l'utérus, et chacun d'entre eux est protégé dans sa propre poche.

Le voyage vers l'utérus

Pendant les deux premières semaines après la conception, les embryons sont à peine plus gros qu'une tête d'épingle. Ils se déplacent d'abord des trompes vers l'utérus. Au cours de ce voyage, la cellule simple dont ils sont composés à l'origine va se diviser en deux, puis en quatre, puis en huit, et ainsi de suite, jusqu'à devenir une boule de cellules, solide mais microscopique.

Tous les embryons – ceux qui vont devenir les chatons d'une même portée – atteignent l'utérus entre 13 et 17 jours après l'ovulation. Là, ils se répartissent dans les deux cornes utérines, et ils s'implantent alors fermement dans la paroi de l'utérus (voir ci-dessus).

Le développement des embryons

À mesure que les embryons se développent, certaines cellules commencent à édifier le corps des futurs chatons. D'autres forment les membranes qui vont les entourer, et le placenta individuel qui relie leur

Contrairement aux chiennes, qui commencent à prendre du poids au cours de la 5ᵉ semaine de gestation, une chatte pleine grossit beaucoup plus régulièrement, parce qu'elle produit dès la début de la graisse corporelle.

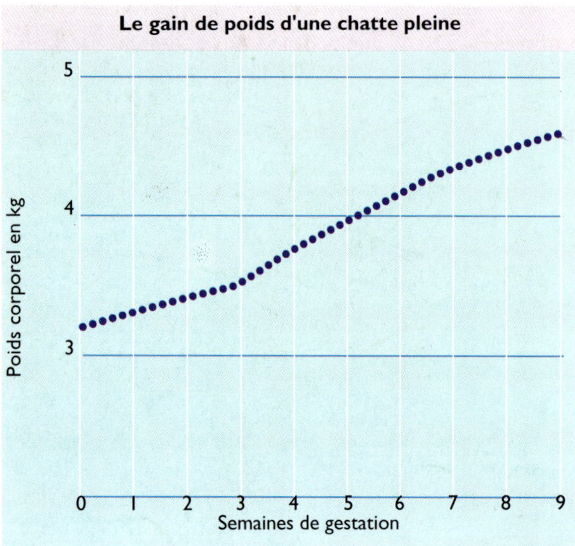

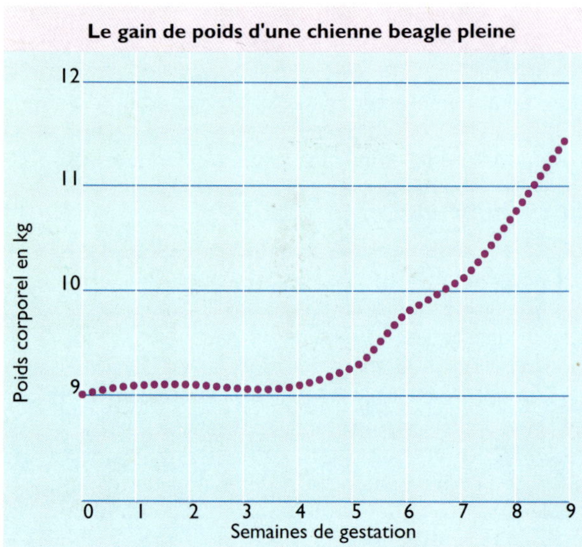

système sanguin à celui de leur mère. Seize jours environ après la conception, la tête et la colonne vertébrale de l'embryon sont apparues.

Les placentas ne fonctionneront pas avant le 22e jour ; pour l'instant, les embryons sont donc alimentés par une réserve de nourriture, riche en protéines et en graisse, appelé sac vitellin. Peu à peu, ce sac se résorbe ; chaque embryon flotte dans son propre sac de liquide amniotique, et il est relié au placenta nourrissant par un faisceau de vaisseaux sanguins, le cordon ombilical.

Les poumons, la tête et les yeux se développent rapidement et, au bout de 4 semaines, tous les organes sont formés, bien qu'incomplètement.

Le stade fœtal

Depuis la 4e semaine après la conception jusqu'à la naissance, les embryons sont appelés fœtus. Tandis que leurs organes se complètent, ils grossissent rapidement, doublant de taille entre le 28e et le 40e jour, et de nouveau au cours de la 8e semaine.

Le toucher • Ce sens, le premier à se développer, apparaît vers le 28e jour. Nous ignorons comment les fœtus l'utilisent pour appréhender leur environnement, mais il est possible qu'il les aide à contrôler l'action de leurs membres, dont le mouvement est détectable dès la 7e semaine de gestation.

QUELQUES STATISTIQUES

- Chez les chats, la durée moyenne de la gestation est de 63 à 65 jours. Dans certains cas, elle n'est que de 59 jours, dans d'autres, elle se prolonge jusqu'au 70e jour.
- À la naissance, un chaton mesure 12 cm environ, bien que l'on note des différences sensibles selon les races. En outre, plus la portée est nombreuse, plus ses membres sont petits.

Le goût • Ce sens se met aussi sans doute en place avant la naissance, permettant aux futurs chatons de goûter le liquide amniotique dans lequel ils baignent. Ils apprennent peut-être aussi à distinguer certains des aliments dont leur mère se nourrit, quelques saveurs pouvant passer lors de la digestion dans ce liquide.

L'équilibre • Ce sens se développe un peu plus tard. Il commence à être effectif au cours de la 8e semaine.

L'ouie et la vue • Ils n'apparaîtront qu'après la naissance ; en fait, les nouveau-nés sont sourds et aveugles.

Cette chatte est pleine depuis 8 semaines, et elle va bientôt mettre bas. Pour nourrir les fœtus qui grandissent, elle doit à ce stade consommer 25 % d'aliments en plus qu'à l'ordinaire.

LA GESTATION

Chez la chatte, le premier signe n'est perceptible que vers la 3e semaine. Ses mamelons – qui sont habituellement petits et pâles – grossissent et deviennent rose brillant ; les poils qui les entourent s'éclaircissent légèrement. Au 40e jour, ses mamelles ont nettement augmenté de volume ; cependant, son comportement se modifiera peu jusqu'à la 7e semaine (dans la nature, une chatte pleine passe davantage de temps à chasser qu'à l'ordinaire pour satisfaire ses besoins nutritionnels accrus pendant les derniers temps de la gestation et durant toute la lactation).

Contrairement aux chiennes, dont la prise de poids réelle intervient au cours des trois dernières semaines, la chatte grossit régulièrement (voir page 14). Son gain pondéral dépend du nombre d'embryons qu'elle porte, mais elle prend couramment 1,5 kg. Son abdomen est sensiblement gonflé, et elle a parfois du mal à se déplacer en fin de gestation si elle attend de nombreux chatons.

Vue d'en haut, une chatte qui arrive au terme de la gestation présente un abdomen très distendu. À ce stade, il est très difficile de distinguer à la palpation les différents fœtus.

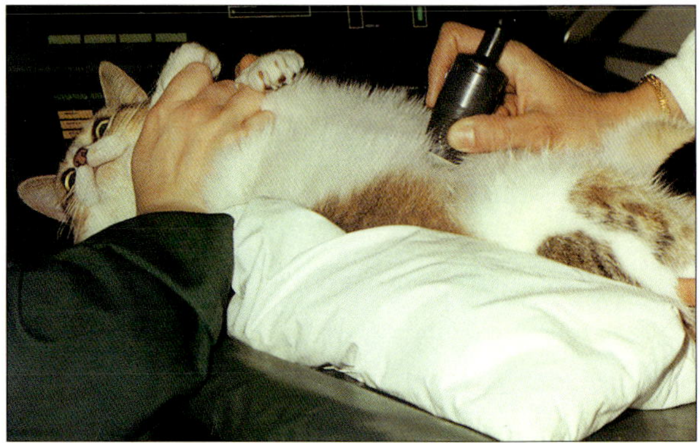

L'échographie se pratique à l'aide d'un instrument à ultrasons comparable à celui que l'on utilise pour les femmes enceintes. L'examen est parfaitement indolore, et la plupart des chattes l'acceptent sans problème.

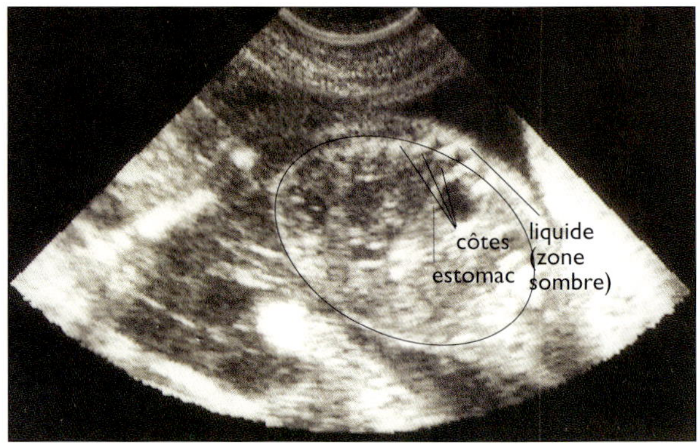

L'échographie peut permettre de confirmer la gestation dès la 2e semaine. La zone ronde sur le cliché signale la présence dans l'abdomen d'un embryon de 28 jours.

La confirmation de la gestation

Les vétérinaires disposent de nombreuses techniques pour s'assurer qu'une chatte est pleine.

L'échographie • Elle se fait à l'aide d'un instrument très comparable à celui qui est utilisé pour les femmes enceintes (voir ci-dessus). Elle permet de déceler la présence des embryons dès le 14e jour.

La palpation abdominale • En palpant délicatement la paroi abdominale de la chatte, il est possible de détecter la présence des embryons dans l'utérus. Cet examen doit se faire entre le 16e et le 26e jour (au-delà, il devient souvent plus difficile de repérer les embryons individuellement).

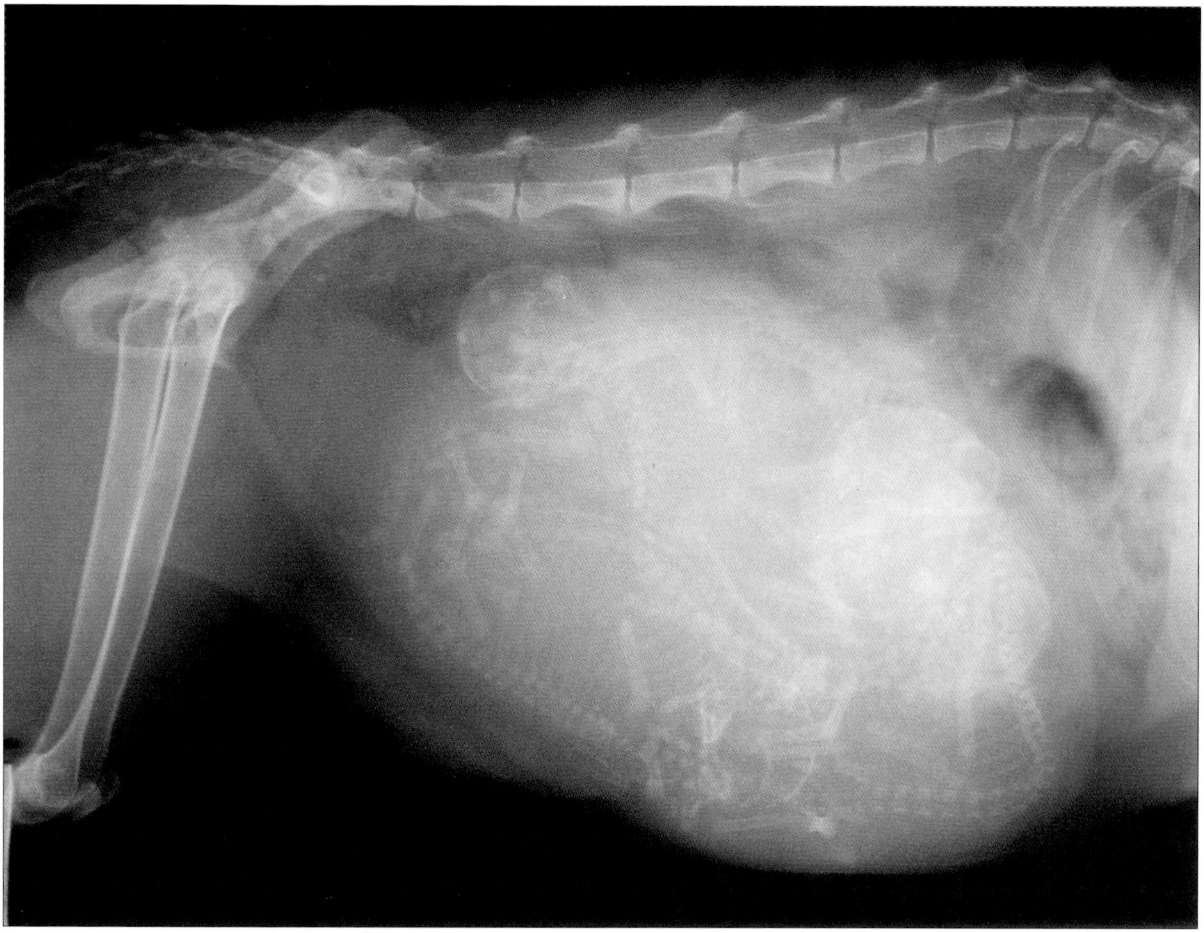

Cette radiographie a été prise sur une chatte allongée sur le côté. Les lignes blanches au milieu de l'abdomen sont les minuscules os du squelette des embryons.

La radiographie • Après le 40e jour de gestation, une radiographie permet de visualiser les minuscules squelettes des embryons.

Les battements du cœur • Ils peuvent être écoutés à l'aide d'un stéthoscope à la fin de la gestation. Le rythme cardiaque des embryons est plus rapide que celui de leur mère.

Le comportement prénatal

Dans la semaine qui précède la naissance, la chatte commence à se montrer moins active, probablement pour des raisons de poids. En revanche, elle consacre un temps considérable à chercher l'endroit le plus sûr et le plus confortable pour mettre au monde ses petits. Elle accepte parfois le nid proposé par son maître, mais elle peut aussi se montrer particulièrement nerveuse et le refuser.

En se comportant ainsi, elle suit l'instinct qui la pousse à trouver un refuge secret où ses chatons seront à la fois en sécurité et à l'abri. Dans la nature, en effet, les nouveau-nés sont souvent la proie des oiseaux, des chiens et d'autres prédateurs encore. La mère cherche donc un refuge qui leur soit inaccessible.

La vieille habitude qui consiste à noyer les chatons à la naissance pour n'en conserver qu'un certain nombre a peut-être joué une part dans ce comportement : en effet, les femelles nées ainsi, hors de vue des humains, avaient davantage de chances de survivre pour donner la vie à leur tour.

Les chattes plus confiantes choisissent souvent des endroits ouverts et familiers, parfois trop, le lit de leur maître par exemple !

La naissance

Neuf semaines environ après l'accouplement des parents, les fœtus, maintenant complètement formés mais encore sans défense, se préparent à découvrir le monde extérieur. Dès leur expulsion, ils vont connaître une série surprenante d'événements.

Cette séparation physique et forcée d'avec le ventre maternel et la sécurité qu'il représentait va les obliger à affronter la vie.

Le travail de la mise bas (parturition) a commencé, et les chatons sont sur le point de naître.

La plupart d'entre nous savent comment se déroule un accouchement. Les chattes pleines pour la première fois (primipares) l'ignorent et sont livrées à elles-mêmes.

Bien qu'elles ne se sentent pas dans leur état normal et qu'elles éprouvent dans le ventre une sensation inhabituelle, elles n'ont aucune idée de ce qui va se passer. Elles mettent bas, tout simplement, guidées par leur instinct naturel.

LE DÉBUT DU TRAVAIL

Durant cette première étape, le corps de la mère connaît des modifications successives, qu'elle ne peut pas contrôler.

À l'approche du terme, une chatte cherche longtemps et avec soin l'endroit qui lui convient le mieux pour mettre ses petits au monde en toute sécurité.

La préparation

Les premières contractions de l'utérus entraînent souvent chez la chatte un certain malaise. Son pouls bat plus vite et sa respiration s'accélère (tachypnée).

Entre 24 et 12 heures avant la naissance, sa température corporelle augmente d'environ 1 °C. Du lait commence parfois à suinter de ses mamelles.

Juste avant la mise bas, elle se retire dans l'endroit qu'elle a choisi pour refuge et fait une toilette complète. L'odeur de sa salive guidera peut-être plus tard les nouveau-nés vers ses tétines.

Les modifications des voies génitales

Elles sont indispensables pour permettre le passage des fœtus en toute sécurité. Petit à petit, le bassin et ses ligaments se relâchent ; le vagin, la vulve et les tissus voisins se détendent pour éviter tout déchirement lors de chaque expulsion.

Le col de l'utérus, jusque-là bien fermé, se dilate lui aussi afin de s'ouvrir le plus largement possible quand le premier petit se présentera. Les placentas – qui ont alimenté chaque fœtus pendant la grossesse – commencent à se détacher de la paroi utérine, qui se contracte.

La participation des fœtus

Les fœtus, eux, se préparent à devenir des chatons autonomes, capables de vivre hors du corps de leur mère. À leur naissance, ils seront confrontés à deux problèmes essentiels : respirer seuls et résister au froid. Baignant jusqu'à présent dans le liquide amniotique, ils n'ont pas eu l'occasion d'utiliser leurs poumons. On pense cependant que des variations hormonales modifient les tissus pulmonaires pour que la respiration commence dès que possible. En outre, pour pallier le refroidissement soudain qu'ils vont connaître, ils se constituent rapidement une réserve spéciale d'énergie (glycogène hépatique) : ils pourront la brûler le moment venu pour se réchauffer. Pour mettre le maximum de chances de leur côté, les fœtus adoptent une position intra-utérine particulière : ils se préparent à un « plongeon » ou à une « chute en arrière » à travers l'appareil génital de leur mère. Pendant la gestation, chacun d'eux était pelotonné sur lui-même, la tête dans les pattes.

Maintenant, ils s'agitent et déroulent peu à peu leur corps, étendent leurs pattes et se retournent. Durant cette étape, qui peut durer de 2 à 12 heures, la chatte se montre très agitée et miaule beaucoup.

LE PREMIER CHATON

Les puissantes contractions utérines poussent le premier fœtus à travers le col de l'utérus. Aussitôt, la chatte commence à pousser.

En tendant au bon moment ses muscles abdominaux, elle aide ainsi son petit à s'engager dans le vagin.

La poche des eaux

La vulve de la mère laisse alors sortir la poche des eaux, le sac qui enveloppait le fœtus pendant la grossesse. Sous l'intensité du travail, ses membranes se déchirent souvent lors du passage à travers le col de l'utérus ou le vagin. Sinon, dès qu'elle apparaît, la mère la perce avec ses dents. Il est probable que, ne connaissant rien de comparable à cette chose étrange, elle cherche à l'éliminer.

À la suite de chaque contraction et de chaque poussée, le chaton progresse, aidé par les membranes lubrifiées de la poche qui l'entoure.

La plupart des chatons se présentent par la tête, 4 % seulement par le siège. Leur progression est toujours facilitée par les membranes lubrifiées qui les entourent.

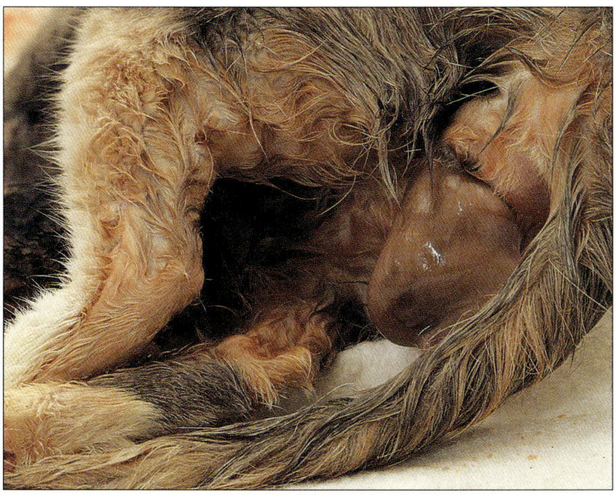

Coupe de l'appareil génital de la chatte

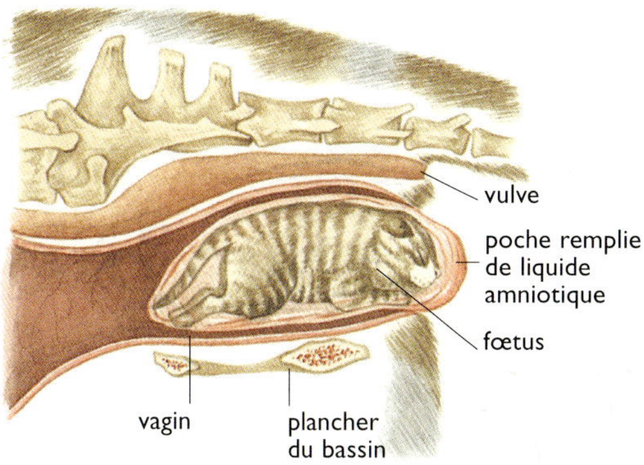

L'arrivée du fœtus dans le vagin incite la chatte à pousser en contractant ses muscles abdominaux.

La délivrance

La tête du fœtus est relativement volumineuse par rapport au reste de son corps, et la chatte doit pousser fortement pour la faire sortir. Une fois qu'elle est passée, le reste du corps suit assez rapidement. La mère accueille aussitôt le nouveau-né en miaulant bruyamment.

Il lui aura fallu entre 5 minutes et 1 heure pour expulser ce premier petit.

Un temps généralement plus long pour les primipares que pour les chattes qui ont déjà mis bas plusieurs portées.

Instinctivement, la mère enlève dès la naissance la poche qui entoure son petit ; elle coupe aussi le cordon ombilical, s'il n'est pas déjà rompu.

Les premiers soins

La plupart des chattes sont de bonnes mères et prennent spontanément soin de leurs chatons. Si elles vivent avec d'autres femelles, celles-ci les aident parfois à s'occuper de leur portée (voir page 37), comme on le constate souvent dans la nature.

Le premier souci de la jeune mère consiste à aider son nouveau-né à respirer le plus vite possible. Pour lui éviter de suffoquer, et guidée par l'odeur et le goût du liquide amniotique dont il est recouvert, elle le libère des membranes qui l'entourent encore et lui lèche soigneusement la tête avec sa langue râpeuse. Ainsi, en le nettoyant et en le poussant du museau, elle déclenche le réflexe respiratoire. Les premières inspirations du chaton ressemblent à des spasmes de suffocation : il doit en effet gonfler d'air ses poumons jusque-là recroquevillés. La chatte va ensuite sécher son petit ; si elle ne le faisait pas, il risquerait de se refroidir rapidement et de mourir. Elle continue donc à le lécher et le rapproche de ses mamelles pour le nourrir et le réchauffer. Si le cordon ombilical ne s'est pas rompu, elle le sectionne d'un coup de dents.

LES MAUVAISES MÈRES

Il arrive qu'une chatte rejette un – ou plusieurs – de ses petits ; elle ne retire pas la membrane de sa tête ou ne l'aide pas à respirer ; exceptionnellement, elle peut même le manger. Ce comportement étrange se rencontre plus souvent chez les primipares. Mais certaines chattes ne sont jamais de bonnes mères.

Le premier souci du nouveau-né : trouver le chemin des mamelles de sa mère. Auprès d'elle, il profite en outre de la chaleur sans laquelle il ne pourrait survivre.

LES FRÈRES ET LES SŒURS

Le premier chaton est en sécurité ; la chatte commence à s'occuper un peu d'elle, mais le répit sera de courte durée. Le deuxième petit – s'il y en a un – va naître de 5 minutes à 1 heure plus tard. Il recevra la même méticuleuse attention que son aîné.

Cependant, chaque naissance peut être suivie d'une pause de plusieurs heures. La chatte se montre alors très agitée, tournant inlassablement autour de son refuge.

À chaque délivrance, la rupture du placenta du chaton se traduit par un écoulement marron foncé au niveau de la vulve de la mère.

La durée du travail

Les mises bas, toutes différentes, ne s'inscrivent dans aucun schéma type. Pour la plupart, elles durent en moyenne 6 heures mais, si le travail est plusieurs fois interrompu, elles peuvent en demander 24. Chaque fœtus ayant son propre placenta, une telle durée ne pose généralement pas de problème, sauf si l'arrêt de l'accouchement est dû au blocage d'un chaton déjà engagé.

Après les naissances, la chatte peut se montrer très agressive si elle craint pour la sécurité de sa progéniture.

Après la mise bas, la chatte se trouve face à de nouvelles et nombreuses responsabilités : elle doit protéger, nourrir et tenir propres ses chatons. Une tâche épuisante !

LE PREMIER LAIT

Dès qu'ils sont nettoyés et séchés, les chatons cherchent une tétine et commencent à boire l'aliment le plus important de leur vie : le colostrum.
Ce tout premier lait contient des substances spéciales, les anticorps.

S'ils le consomment dans les 24 heures qui suivent leur naissance, il leur assure une protection temporaire envers certaines maladies, notamment toutes celles contre lesquelles leur mère a été vaccinée ou celles qu'elle a su surmonter (voir pages 118 à 121).

Le meilleur des reconstituants

Après la sortie de chaque chaton, des morceaux de placenta – les arrière-faix – restent parfois dans l'utérus de la mère. Celle-ci les élimine après chaque expulsion, ou à la fin du travail. Ils doivent impérativement être rejetés 2 heures après l'arrivée du dernier chaton.

Dès leur apparition à l'extérieur du vagin, la chatte s'empresse de les manger. Il s'agit là d'un comportement instinctif : dans la nature, les arrière-faix représentent après la mise bas une importante source de nourriture pour la femelle, épuisée par ses efforts et incapable de chasser.

Le tout jeune âge

La vie d'un chat s'organise généralement en quatre phases : néonatale, de socialisation, juvénile et adulte (voir page ci-contre). Ce n'est qu'à la fin de la deuxième étape que vous pourrez accueillir un chaton ; en effet, son sevrage ne se fait pas avant 8 semaines environ (voir page 36). Le séparer trop tôt de sa mère entraînerait des séquelles durables.

L'évolution du nouveau-né demeurera donc un mystère pour ses nouveaux maîtres, mais en l'observant, ils le comprendront mieux et accroîtront en outre leur plaisir d'avoir un petit compagnon.

Les bonnes questions

Cette attention au développement du jeune animal aura un autre avantage. Car de nombreux aspects de sa personnalité se forgent durant les huit premières semaines de sa vie. Certains troubles du comportement chez le chat adulte prennent racine dans le tout jeune âge. Il ne faut pas l'ignorer lorsque l'on choisit un chaton, et savoir poser les bonnes questions à ceux qui se sont occupés de lui depuis sa naissance.

Les instincts sauvages

N'oubliez jamais que les chats n'ont pas d'affection innée pour nous. Malgré des milliers d'années de voisinage, ces félins ne sont pas complètement domestiqués. Ainsi, dans certaines régions du monde – tels le centre de l'Australie ou certaines îles en plein océan –, les chats vivent, se reproduisent et se déplacent sans approcher les humains. Ils se montrent aussi méfiants que les autres animaux sauvages.

C'est uniquement parce que les chatons peuvent apprendre à nous faire confiance dès leur plus jeune âge qu'ils deviennent pour nous des animaux familiers. Car s'ils héritent de leurs ancêtres des capacités d'adaptation, celles-ci doivent être soutenues au prix d'importants efforts d'attention de notre part.

Le moment le plus propice à l'établissement de bonnes relations se situe pendant la 5e semaine de leur vie. Il est donc très important pour leurs nouveaux maîtres de comprendre les changements physiques et psychiques qu'ils ont connus depuis leur naissance.

Dès leur naissance, les chatons sont choyés et nourris par leur mère. Elle va leur apprendre les comportements de leur espèce. Cependant, les contacts humains réguliers ont déjà leur importance.

Dès l'âge de 4 semaines, les chatons manifestent une certaine indépendance et commencent à explorer eux-mêmes leur environnement.

Cependant, les chatons ne sont pas encore sevrés et ont besoin du lait, de la chaleur et de l'affection de leur mère. Celle-ci reste d'ailleurs très vigilante et ira aussitôt les chercher s'ils s'éloignent un peu trop.

Les étapes du développement

Par rapport à celle des chiots, la maturité des chatons intervient beaucoup plus vite. Mais, comparées à celle des enfants, l'une comme l'autre sont extrêmement rapides.

Le développement du petit chat de la naissance à l'âge adulte se divise globalement ainsi :

Phase néonatale • Pendant les deux premières semaines, il est totalement dépendant de sa mère, qui, seule, peut subvenir à ses besoins.

Phase de socialisation • Elle intervient dès les 3e ou 4e semaines. Le chaton se montre alors très curieux de tout ce qui l'entoure, notamment des autres animaux et des humains (voir page 31).
Un chiot, lui, a besoin auparavant d'une période, dite de transition, qui dure 1 semaine, et il ne rentrera dans la phase juvénile que 1 mois plus tard.

Phase juvénile • Elle correspond aux 8e et 9e semaines. Bien qu'elle soit mal connue, elle est pourtant la plus propice à la création des liens entre le chaton et son maître.

Phase adulte • Un chaton atteint généralement sa maturité sexuelle à l'âge de 7 mois, et son poids définitif 5 mois plus tard. Toutes proportions gardées, on pourrait comparer le corps d'un chat de 1 an à celui d'un jeune de 16 ans. À 2 ans, il se rapproche davantage d'un adulte de 21 ans. Pour lui, chaque année équivaut à 4 ans de la vie humaine.

La première semaine

Dès que tous les petits de la portée sont nés, leur mère les entoure de son corps et ne va pas les quitter un seul instant durant 24 heures. Même après les avoir parfaitement nettoyés et séchés, elle continuera à les lécher et à les pousser du museau pour les inciter à se nourrir. Son premier lait, le colostrum (voir page 21), possède une composition différente de celui qu'elle produira dès le 3e jour.

À la naissance, les chatons ont un poids moyen de 100 g ; ceux qui pèsent moins de 80 g auront du mal à survivre. Bien qu'ils soient encore entièrement dépendants, les nouveau-nés marquent une avance certaine sur d'autres jeunes mammifères. Ainsi, ils portent déjà un duvet alors que les rats et les souris naissent nus.

Le gîte et le couvert

Les chatons ne font encore que dormir et manger. Ils s'agitent dans leur sommeil, sans doute parce qu'ils rêvent. Le sommeil dit « lent », qui alternera avec les périodes de rêve – ou sommeil « rapide » –, apparaîtra au cours des prochaines semaines.

La mère se consacre entièrement à ses chatons pendant les vingt-quatre premières heures de leur vie. Elle les allaite et les protège durant leur sommeil.

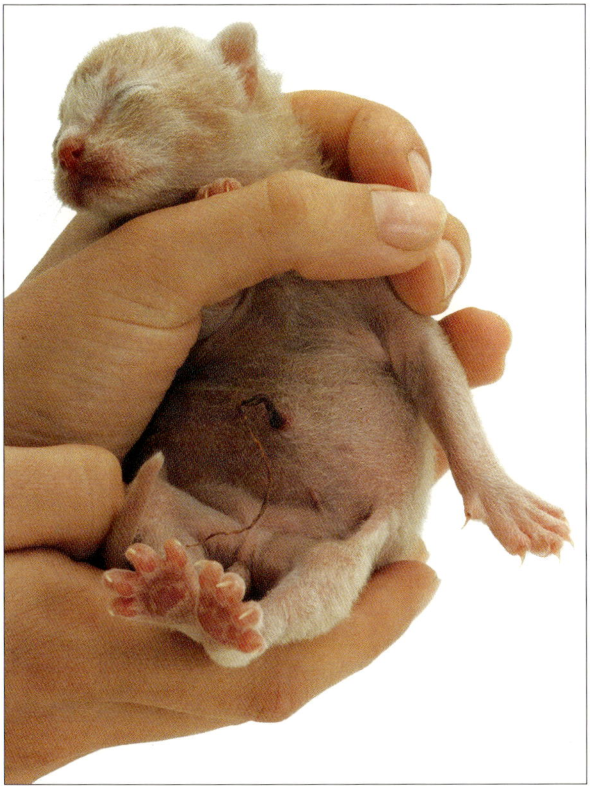

Les nouveau-nés sont très fragiles, mais il faut cependant les manipuler, très doucement, pour vérifier qu'ils sont en bonne santé. Le morceau de cordon ombilical qui reste attaché à leur ventre tombera rapidement.

L'importance de la chaleur

À la naissance, les chatons sont incapables de maintenir leur température corporelle ; c'est une des raisons pour lesquelles ils doivent absolument se serrer contre le ventre chaud de leur mère.

Quand elle les quitte -- toujours très brièvement –, ils font tout pour se rassembler et former une sorte de « tas de repos ». Entassés pêle-mêle les uns sur les autres, ils se tiennent mutuellement chaud, de façon efficace.

Les mouvements de base

Durant cette première semaine, les nouveau-nés ne peuvent guère se déplacer. Leurs pattes de devant, qui se développent plus vite que les pattes arrière, leur permettent cependant de bouger un peu. Ils s'en servent pour se traîner sur le ventre, comme s'ils nageaient.

DES CHATONS AVEUGLES ET SOURDS

Les nouveau-nés ont une connaissance assez limitée du monde dans lequel ils viennent d'arriver. Leurs paupières restent étroitement closes et leurs oreilles sont obturées par de la peau. Cependant, leur sens du toucher et leur odorat sont déjà relativement bien développés. Pour l'instant, ils n'ont d'ailleurs besoin de rien d'autre pour trouver leur mère et se nourrir. Dès le 5e jour, les oreilles pèlent et commencent à fonctionner ; désormais, les chatons réagiront à certains bruits, à condition qu'ils soient suffisamment forts.

Ce mode de locomotion rudimentaire leur suffit pour retrouver la chaleur maternelle s'ils en ont été accidentellemnt écartés.

Un réflexe ancestral

Aveugle à la naissance, le chaton localise sa mère grâce à sa chaleur et à son odeur. Dès qu'il a établi le contact avec elle, il rampe le long de son ventre, tournant la tête de tous côtés à la recherche d'une mamelle. Lorsque son museau en effleure une, un comportement naturel et réflexe se déclenche : le nouveau-né rejette la tête en arrière, puis la ramène vers l'avant, gueule ouverte ; il continuera ainsi jusqu'à ce qu'il ait réussi à saisir une tétine. Aussitôt, il commence à téter.

Deux jours plus tard

Malgré leurs moyens limités, les chatons commencent à bien connaître leur milieu. Ils reconnaissent maintenant l'odeur de leur mère, et aussi celle du refuge. Si l'un d'eux se retrouve seul, s'il a froid, ou mal, il émet un signal de détresse étonnamment puissant qui provoque une réponse instantanée de sa mère. En fait, celle-ci semble être plus sensible aux sons qu'il profère qu'à son apparence physique. Il peut même lui arriver de se coucher sur ses petits jusqu'à ce qu'elle en soit avertie par un concert de protestations.

À la fin de la première semaine, un nouveau-né peut ramper sur une cinquantaine de centimètres. Il essaie aussi de se mettre debout et de supporter son poids s'il est légèrement soutenu.

Le corps d'un chaton de 1 semaine mesure 15 cm.

La deuxième semaine

Les chatons vont maintenant grandir rapidement et développer presque quotidiennement de nouvelles facultés. Cependant, leur mère reste toujours très attentive.

Bien qu'elle commence à les quitter un peu plus souvent, elle continue à répondre à leurs fréquents besoins de nourriture. Elle s'étend à côté d'eux, les lèche et les pousse du museau.

Le comportement alimentaire

Les nouveau-nés n'ont mis que quelques jours à comprendre que les mamelles situées en bas du ventre maternel produisaient davantage de lait que les autres. Le plus fort et le plus actif des membres de la portée a toujours tendance à les monopoliser.

Tout en se rassasiant, les chatons pétrissent les tétines avec leurs pattes antérieures afin de stimuler la montée du lait. Pendant leur repas, il est aussi fréquent qu'ils ronronnent de contentement ; et si leur mère se joint à eux, le chorus risque de s'entendre de loin !

Un chaton séparé des autres a lancé un signal de détresse pour attirer l'attention de sa mère. Elle le prend alors dans sa gueule et le ramène délicatement vers le nid.

LA PROPRETÉ DU NID

Avant la quatrième semaine, les chatons sont incapables d'uriner ou de déféquer volontairement ; leur mère est donc seule responsable de leur hygiène et de la propreté du nid. Elle les incite à éliminer leurs déchets en leur léchant vigoureusement la région anogénitale ; elle avale ensuite urine et fèces.

C'est ainsi qu'elle garde le nid propre jusqu'à ce que ses petits soient assez grands pour le quitter et utiliser la litière (voir pages 30 et 31).

La reptation

Bien que les muscles qui contrôlent leurs membres soient presque complètement formés, les chatons continuent à se déplacer en rampant.

Le réflexe tonique du cou

Il arrive qu'un petit reste accroché à une mamelle de sa mère, qui s'est levée pour se déplacer. Il s'y maintient parfois assez longtemps pour parcourir une petite distance, puis lâche prise. À cet âge, il sait reconnaître l'odeur du nid, qui le guidera ; mais s'il se trouve trop loin et qu'il se sente perdu, il commencera à émettre un puissant signal de détresse (voir page 25). Sa mère va aussitôt aller le chercher et le ramener en lieu sûr. Elle l'attrape par la peau lâche du cou et le transporte ainsi dans sa gueule. Elle ne lui fait pas mal car, sous cette partie de l'épiderme, se trouvent des terminaisons nerveuses qui déclenchent un comportement particulier, appelé réflexe tonique du cou : le corps du chaton se détend complètement, et il laisse pendre sa queue et ses pattes. Il n'offre plus de résistance, et la tâche de la chatte en est facilitée.

Le développement des sens

La vue • L'acuité visuelle des petits s'améliore très vite pendant cette 2e semaine, essentiellement parce que leurs paupières se sont ouvertes (ce qui peut se produire entre le milieu de la 1re semaine et celui de la 3e). Le phénomène intervient plus tôt chez les

femelles que chez les mâles. L'évolution devient sensible quand les paupières commencent à peler pour laisser apparaître les yeux, toujours bleus à cet âge. L'humeur vitrée qui se trouve entre le cristallin et la rétine est encore sombre ; elle ne s'éclaircira que vers la 6e semaine. La pupille, elle, ne commence à se contracter à la lumière que 24 heures au moins après l'ouverture des paupières. La vision des chatons, malgré des progrès constants, est donc encore approximative.

L'ouie • À ce stade, les oreilles, couchées, se déplient peu à peu pour pointer. Les conduits auditifs qui relient l'oreille externe au tympan s'ouvrent ; ils leur permettent dès lors d'entendre plus clairement qu'à la fin de la première semaine. Les chatons réagissent maintenant très nettement à une gamme de sons différents – notamment ceux qu'émettent les autres chats. Ils redressent et tournent la tête, reniflent et font pivoter leurs oreilles en tous sens.

La perception du milieu change radicalement dès que les oreilles des chatons fonctionnent. Leurs yeux s'ouvrent, mais ne leur permettent encore que de distinguer des formes.

Des capacités nouvelles

À la fin de la semaine, les chatons sont devenus beaucoup plus actifs. Ils essaient parfois de se tenir debout : leurs pattes antérieures effectuent des mouvements relativement synchrones, et leurs pattes postérieures sont assez fortes pour supporter leur poids. Ils parviennent aussi à sortir leurs griffes ; elles sont encore très souples mais elles leur sont utiles pour garder leur équilibre quand ils font leurs premiers pas.

Le corps d'un chaton de 2 semaines mesure 17 cm.

La troisième semaine

Grâce à l'odorat et à l'ouie, la perception qu'ont les chatons du monde extérieur change rapidement. Ils localisent bientôt approximativement la provenance d'un son ; quelques jours plus tard, ils suivront son déplacement ; peut-être s'agira-t-il de celui qu'émet de temps en temps leur mère : elle lance son « cri d'appel » pour signifier qu'elle est en route vers le nid.

L'amélioration de la vision

Quelques jours plus tard, les chatons suivent du regard une forme en mouvement. À la fin de la semaine, ils auront une image nette de leur environnement. Ils utiliseront désormais davantage leurs yeux que leur odorat pour retrouver leur chemin. Cependant, ils ont encore un peu de mal à évaluer la distance qui les sépare d'un objet. Ils sont trop jeunes pour maîtriser la vision binoculaire : la partie de leur cerveau qui la coordonne n'est pas encore assez développée. Ils verront bientôt en relief, presque aussi bien que nous. Ce sens, indispensable pour chasser en milieu sauvage, est particulièrement aiguisé chez les chats.

Le développement physique

Le réflexe naturel qui permet aux nouveau-nés, alors qu'ils sont aveugles, de trouver à coup sûr les tétines maternelles (voir page 25) disparaît peu à peu.

Bien que les chatons passent encore 60 à 70 % de leur temps à dormir, dès qu'ils sont éveillés, ils se montrent très remuants. À ce stade, ils contrôlent aussi bien les pattes postérieures que les antérieures mais, ce qui leur manque encore, c'est la coordination avant-arrière. Il en résulte que l'arrière du corps semble vouloir partir dans une autre direction que l'avant.

L'éruption dentaire

Les dents de lait (ou lactéales) commencent à percer la gencive. Durant les 3 semaines qui suivent, 12 incisives, 4 canines et 10 prémolaires (voir page 112) vont apparaître. À l'âge de 3 mois, leurs racines se résorberont et les couronnes tomberont. Les chatons les avaleront ou les laisseront par terre. De nouvelles dents, permanentes (ou dents d'adulte), au nombre de 30, les remplaceront peu à peu.

À 3 semaines, les chatons font leurs premiers pas. Ils se balancent sur trois pattes – comme ici, pour se regarder un pied en se demandant sans doute à quoi il leur sert.

L'INFLUENCE MATERNELLE

Durant la 3e semaine, la mère passe encore près de 70 % de son temps avec ses chatons ; mais elle commence à les laisser seuls, 1 heure tout au plus, toujours prête à les rejoindre au moindre signal de détresse.

Quand elle est auprès d'eux, elle leur fournit une « incitation sociale » indispensable au développement normal de leurs réactions. Cette attention constante favorise l'ouverture des yeux, si elle n'a pas déjà eu lieu (voir pages 26 et 27). Elle développe leur soif d'explorations et de connaissances. Les chatons touchés par des humains, et qui portent donc leur odeur, ne recevront peut-être pas toute la stimulation maternelle dont ils ont besoin. En revanche, dans ce domaine, un maître affectueux peut compléter le travail inachevé d'une chatte. La mère exerce aussi une influence importante sur la socialisation précoce de ses petits (voir page 31).

Il est capital à ce stade que la mère soit bien nourrie, ce qui n'est pas nécessairement le cas s'il s'agit d'un animal égaré. Si elle n'assure que 80 % de ses besoins métaboliques, la qualité de son lait en sera affectée ; les chatons risquent alors de souffrir de carences dues à une alimentation trop pauvre en protéines – celles-ci sont en effet primordiales pour le développement du cerveau et du système nerveux.

Pendant les deux premières semaines, les chatons reconnaissaient leur mère à son odeur et à sa chaleur. À présent, ils la repèrent des yeux.

La nourriture

Pour produire suffisamment de lait pour toute sa portée, une chatte en lactation mange davantage que d'habitude : elle doit en effet assurer sa propre subsistance et celle de toute sa famille. Trois semaines après la naissance, la mère de quatre jeunes affamés doit absorber chaque jour deux fois (voire trois fois) plus de calories qu'en temps normal (la quantité exacte de nourriture dont elle a besoin dépend en fait du nombre de chatons, de leur âge et de l'apport nutritionnel de son régime alimentaire).

Désormais, elle n'incite plus comme avant ses petits à téter : ils prennent de plus en plus souvent l'initiative de se nourrir eux-mêmes.

Le corps d'un chaton de 3 semaines mesure 20 cm.

La quatrième semaine

Alors que les petits acquièrent une certaine indépendance, leur mère se montre d'autant plus vigilante et surveille leur moindre déplacement. Dès qu'elle estime que l'un d'entre eux s'est trop éloigné du nid, elle s'empresse d'aller le chercher. Dans ce domaine, les techniques diffèrent selon les chattes. L'une l'appellera, une autre le poussera de la patte. En dernier recours, si le petit se montre vraiment récalcitrant, sa mère l'attrapera doucement par la peau du cou et le ramènera dans sa gueule (voir page 26) avant de le jeter sans ménagement dans le refuge qu'il n'aurait pas dû quitter.

La recherche d'un nouveau nid

Quand les chatons ont environ 4 semaines, leur mère entreprend de chercher un autre endroit où les installer. Ce comportement, instinctif, a pour but de leur éviter d'être infestés de puces ou d'autres parasites qui pourraient commencer à envahir le nid où ils sont nés (voir pages 114 à 117).

Même si cette précaution est parfaitement inutile, la plupart des chattes domestiques suivent là un instinct ancestral. Toutefois, après avoir passé 1 jour ou 2 dans ce nouveau logis, elles sont généralement contentes de retourner à leur refuge d'origine.

Le développement des sens

Les chatons régulent désormais spontanément la température de leur corps. Leurs sens s'affinent.

L'équilibre • Il est maintenant bien maîtrisé. Si un chaton endormi glisse et tombe d'une certaine hauteur, il aura, comme les adultes, le réflexe de se retourner pour retomber sur ses pattes.

La vue • Elle est suffisamment claire pour que le petit reconnaisse immédiatement sa mère à son aspect physique plutôt qu'à son odeur.

L'ouie • Elle est devenue beaucoup plus précise. Le chaton sait se rapprocher à l'appel des siens, et fuir s'il entend un grognement ou un cri strident.

La voix • À la vue d'un chat étranger, les petits d'une même portée soufflent et crachent. Ils hérissent tous leurs poils pour tenter d'impressionner l'intrus. Mais ils sont encore si petits qu'ils paraissent plus comiques qu'effrayants.

Une indépendance grandissante

La chatte prépare ses chatons à une relative indépendance et au sevrage (voir page 32). Dans la nature, elle commence par leur apprendre à tenir dans leur gueule de la nourriture solide : elle tue des petites proies et les leur rapporte pour qu'ils les mangent.

Le jeune chat ne sait pas instinctivement ce qu'est une litière. Il découvre peu à peu son rôle en observant sa mère l'utiliser, et il est rare qu'il rechigne longtemps à s'en servir.

Une chatte domestique montre aussi alors à ses petits comment se servir de la litière. À la fin de la semaine, certains chatons l'utiliseront d'eux-mêmes, car ils contrôlent de mieux en mieux leur envie d'uriner et de déféquer. Cependant, pour des raisons assez inexpliquées, beaucoup d'entre eux passeront par une courte phase où ils essaieront de manger la litière ; mais ils comprendront rapidement son usage réel en imitant leur mère. S'ils sont élevés dans un environnement favorable, ils deviennent très facilement propres (voir pages 74 à 77).

La socialisation

Il est bon de manipuler doucement les chatons dès que leurs yeux s'ouvrent. Mais, de la 4e à la 7e semaine, ils sont particulièrement réceptifs à la socialisation.

Les expériences qu'ils font durant cette période auront des effets durables sur leur personnalité. Elles influenceront notamment leurs réactions envers nous et envers les autres animaux.

C'est l'époque à laquelle les jeunes chats prennent conscience de ce qu'ils sont. Ceux qui ont été élevés au biberon dès la naissance, sans contact avec des animaux, ne sauront jamais vraiment qu'ils sont des chats. Ils réagiront donc de façon agressive ou défensive quand ils rencontreront des congénères.

Le contact avec l'homme

Si les soins sont toujours prodigués à un chaton par la même personne, celui-ci s'attachera excessivement à elle et se méfiera de toutes les autres. Il est donc préférable que les jeunes chats aient des contacts multiples avec toutes sortes de gens.

Dans un premier temps, caressez très doucement les petits animaux, et parlez-leur tout bas. Accentuez cette socialisation en les amusant avec des jouets.

Au terme de la 4e semaine, il faut prendre les chatons dans les bras au moins 1 heure par jour. Dès cet âge, ils révèlent des personnalités très différentes : certains sont déjà beaucoup plus intrépides que d'autres.

L'attitude de la mère

Ses réactions vis-à-vis de l'espèce humaine influencent le comportement des chatons. Si elle se montre très méfiante, il faudra la séparer un temps de ses petits, pour pouvoir calmement les habituer à notre présence.

LE BUT DE LA SOCIALISATION

Chez les chatons domestiques, la phase de socialisation est plus longue que chez les chats sauvages, ce qui leur permet de cohabiter conjointement avec différentes espèces, et notamment avec l'espèce humaine.

De récentes recherches ont montré qu'il faut des contacts physiques, ou autres, de 1 heure par jour au minimum pour optimiser ce potentiel de socialisation. En deçà, le chaton se montre nerveux en présence de l'homme pendant près de 1 an. S'il est resté complètement isolé, il aura ensuite besoin d'être apprivoisé comme n'importe quel animal sauvage.

Le corps d'un chaton de 4 semaines mesure 21 cm.

Les cinquième et sixième semaines

Jusqu'à la 5e semaine, les chatons sont incapables d'apprécier les distances. Ils ont du mal à différencier sur leur seul aspect les surfaces horizontales et verticales. Ils établissent peu de liens entre l'apparence d'un objet et l'endroit exact où il se trouve. Dès lors, il leur arrive fréquemment de se heurter à tous les obstacles qui entourent leur nid.

Cependant, à la fin de la 5e semaine, leur acuité visuelle atteint pratiquement son maximum. Ils connaissent mieux leur propre morphologie. Une semaine plus tôt, on aurait dit qu'ils ne savaient même pas à quoi servaient leurs propres pattes !

Des chatons très actifs ont toujours faim et il ne faudra pas les encourager beaucoup pour qu'ils délaissent le lait au profit d'aliments solides.

LE SEVRAGE

Pendant la 4e semaine, ce sont les chatons plus que la chatte qui ont déterminé la cadence des tétées. Une semaine plus tard, elle commence à repousser ses petits ou à se coucher sur le ventre pour dissimuler ses tétines. Ce comportement peut paraître cruel mais, dans la nature, il est essentiel pour la survie de la mère. Les appétits démesurés de ses petits risqueraient en effet de trop l'affaiblir. Ses réserves sont déjà sérieusement entamées et elle doit à présent les préserver. Si elle devait en outre chasser, elle perdrait de 6 à 7 g par jour et par jeune à nourrir.

LA FAMILLE NOMBREUSE

Une portée nombreuse fatigue davantage la mère et influe sur le poids des petits. Ainsi, un chaton qui a sept frères – ou sœurs – pèsera, à 5 semaines, 25 % de moins que celui qui n'en a qu'un. C'est la chatte qui choisit le bon moment pour inciter sa progéniture à accepter des aliments solides. Si elle tarde trop, elle risque de s'épuiser à produire du lait, au point d'être trop faible pour devenir à nouveau pleine.

La période venue, elle essaiera d'accélérer le sevrage en réduisant considérablement les tétées autorisées. Ces mesures de restriction ne durent que quelques jours, puis elle renoue des relations normales avec sa famille.

Les premiers aliments solides

Au début de la 6e semaine, les chatons commencent à manger des aliments solides, sans pour autant cesser de boire régulièrement le lait de leur mère.

S'ils vivaient dans la nature, la chatte partirait en chasse pour leur rapporter de petites proies encore à moitié vivantes – plutôt que complètement mortes (voir page 30) –, afin d'exercer leur dextérité pour le jour où ils iront chasser seuls.

Le corps d'un chaton de 5 semaines mesure 22 cm.

Quand les chatons de 5 à 6 semaines commencent à jouer entre eux, ils y trouvent bien plus d'amusement qu'avec tous les jouets que vous pouvez leur offrir.

Les premiers jeux

Les chatons commencent à jouer vraiment ensemble. Ils ne s'intéressent encore guère aux jouets ; ils préfèrent se sauter dessus en une sorte de roulé-boulé désordonné. Ils entreprendront des jeux plus sophistiqués dans les 2 semaines à venir.

Le corps d'un chaton de 6 semaines mesure 24 cm.

Le modèle maternel

À cet âge, les chatons observent le moindre geste de leur mère. Ils l'imitent en mangeant la même chose qu'elle, tout comme ils étudient la distance à laquelle elle saute sur les meubles. Les réactions de la chatte à notre égard influent aussi beaucoup sur leur propre socialisation (voir page 31). Séparés trop tôt de leur mère et des autres membres de la portée, ils deviendraient peureux, agressifs et difficiles à élever.

Le « flehmen »

Ce comportement apparaît durant la 6e semaine. On peut l'observer de façon caractéristique chez les chats adultes lorsqu'ils reniflent les odeurs laissées par d'autres chats : la mâchoire inférieure s'abaisse et pend vers le bas ; l'animal reste ainsi, « gueule entrouverte », et adopte une expression de concentration intense pendant quelques secondes. En fait, l'air qui contient la substance odorante (phéromone) entre par le nez, puis atteint les capteurs olfactifs de l'organe voméronasal (ou de Jacobson), situés juste au-dessus du palais. Le lien avec la bouche se fait par une paire de minuscules canaux s'ouvrant derrière les incisives supérieures. La stimulation de la truffe déclenche ainsi l'ouverture de la gueule (le « flehmen »). L'organe voméronasal, inconnu chez l'homme, est présent chez de nombreux mammifères.

La septième et la huitième semaines

Les faux assauts semblent être aussi amusants qu'instructifs. Il est très rare qu'ils dégénèrent en combats réels.

La phase de socialisation prend fin au cours de la 7e semaine, et les chatons commencent à se comporter comme de vrais chats en miniature. Leur rythme de sommeil devient celui des adultes. Les périodes de sommeil lent alternent désormais avec les périodes de rêve (sommeil rapide). Leur dentition de lait est complète (voir page 112). Ils se déplacent facilement en marchant ou en courant, et se montrent téméraires. Ils passent cependant la majeure partie de leur temps à jouer entre eux : ils organisent des combats fictifs où ils simulent la chasse et bondissent sur les jouets comme sur des proies.

Les simulations de combat

Elles deviennent systématiques dès que les chatons se rencontrent. Ces fausses bagarres font intervenir différents rituels et postures.

La marche en crabe • Le chaton se déplace de côté, comme le ferait un crabe, en bombant le dos.

Le signe d'adieu • Le chaton agite une patte avant tout en fouettant l'air avec sa queue.

La posture verticale • Le chaton se tient debout sur ses pattes postérieures comme s'il voulait frapper son adversaire de ses pattes avant.

Toutes ces positions sont destinées à persuader un autre membre de la portée de jouer avec lui. Les petits indiquent leurs intentions pacifiques par le « faciès de jeu » : la gueule à demi-ouverte, sans grogner ni émettre de son agressif.

Le corps d'un chaton de 7 semaines mesure 27 cm.

LE BUT DU JEU

Sans doute le jeu est-il pour les chatons une préparation à la chasse, d'autant qu'il inclut de nombreux comportements de prédation. En revanche, il est peu probable qu'il leur permette de décharger un surplus d'énergie, car il n'augmente que de 4 % la quantité de nourriture dont ils ont besoin. En outre, on a constaté que si leur mère produit peu de lait – et s'ils doivent par conséquent se nourrir eux-mêmes –, ils jouent davantage que les autres.

Le jeu avec les frères et sœurs développe aussi certainement les capacités de compétition et de sociabilité du chaton. Il saura ainsi comment se comporter face aux autres chats qu'il rencontrera quand il s'aventurera à l'extérieur.

À l'âge de 8 semaines, les chatons peuvent changer de maison. Ils ont découvert le plaisir de jouer avec de nombreux objets très intéressants.

Les jeux avec des objets

Ces jeux apparaissent dès la 7e semaine. À partir de la 8e semaine, les chatons multiplient les simulacres de chasse avec des jouets : ils bondissent sur leur proie, l'immobilisent avec leurs pattes, la saisissent entre leurs dents et la mordillent. Si les jouets sont plus gros, ils les maintiennent entre leurs pattes avant, tout en les griffant avec leurs pattes arrière. Dans ces simulations de chasse, les mâles se montrent souvent plus actifs que les femelles.

Le réflexe de fuite-évitement

À la fin de la 8e semaine, de nombreux petits commencent à manifester des réflexes de peur face à d'autres animaux ou à des gens qu'ils n'ont pas rencontrés durant les premières semaines de leur vie.

Si ces réactions restent raisonnables, vous aiderez le chaton en le confrontant prudemment, dans les semaines qui viennent, avec ce qui ne lui est pas familier, il prendra peu à peu confiance. Cependant, s'il demeure très craintif, il aura besoin de beaucoup de dévouement de la part de son nouveau maître – car les choses ne s'arrangeront pas d'elles-mêmes – pour devenir un animal heureux, confiant et reconnaissant.

Le corps d'un chaton de 8 semaines mesure 30 cm.

De huit semaines à un an

Un chat sans pedigree arrive généralement dans sa nouvelle demeure à l'âge de 8 semaines. Les chats de race, eux, resteront avec leur portée 4 ou 5 semaines de plus, et ne déménageront pas avant l'âge de 3 mois.

On ne doit pas laisser sortir un chaton tant que ses premières vaccinations ne remontent pas à 1 semaine au moins (voir pages 120 et 121). Ensuite, il pourra quitter un peu la maison et explorer le monde extérieur.

La maturité physique

À 10 semaines, les chatons ont atteint entre un quart et un tiers de leur poids adulte. Dès lors, les mâles commencent à grossir plus vite que les femelles. Mais les uns comme les autres connaissent diverses transformations physiques.

La vue • Elle est seize fois plus nette que lorsque le chaton avait 3 jours. L'iris du globe oculaire s'assombrit pour prendre sa couleur adulte.

La couleur du pelage • À cet âge, les chats ont acquis leur robe définitive. Cependant, pour ceux qui ont des poils longs, il faudra attendre la première mue pour que leur teinte ne change plus (voir page 109).

Les dents • Entre 3 et 6 mois, leurs dents de lait tomberont et seront remplacées par les dents permanentes.

Le graphique ci-dessous présente la courbe de croissance normale d'un chat mâle et d'un chat femelle. À 10 semaines, le mâle commence à grossir sensiblement plus vite.

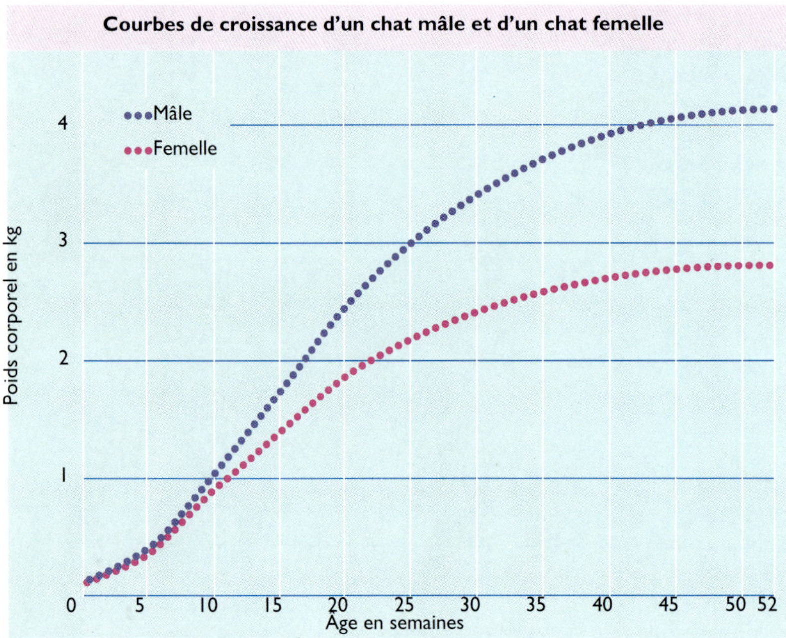

La maturité sexuelle

Elle est atteinte lorsque les petits ont environ 7 mois (plus tôt chez le siamois, plus tard chez le persan). Ce que les chats castrés auront en graisse, c'est en muscles que les chats entiers le développeront (voir page 122).

L'emménagement

De récentes recherches ont démontré que certains aspects de la personnalité du chat se modifient sensiblement lorsqu'on l'installe dans un milieu étranger. Ces changements sont sans doute dus à la nécessité dans laquelle il se trouve de s'adapter à un environnement inconnu.

Une fois qu'il a été adopté, le chaton va transférer peu à peu l'attachement qui le liait à sa mère et au reste de la portée sur son nouveau maître. Celui-ci créera sans doute les premiers liens en lui proposant de la nourriture, mais d'autres éléments, comme la parole, le jeu ou les caresses, ont aussi leur importance.

La grande période du jeu se situe entre les 10e et 14e semaines ; les mâles sont toujours partants, souvent plus que les femelles.

La vie en société

Le jeune chat devra l'accepter dès qu'il entrera chez vous. Faites-lui vivre un maximum d'expériences : rencontrer des gens qu'il ne connaît pas, des animaux étrangers, notamment des chiens, voire voyager en voiture. Ses réactions premières seront déterminées par les événements qu'il aura vécus durant sa 7e semaine (voir page 31). N'oubliez pas qu'un chaton qui demeure craintif à tout ce qui est nouveau à 9 semaines aura tendance à le rester toute sa vie.

Un chaton toujours bien traité et mis en contact, dès la 5e semaine, avec des humains, et notamment des enfants, acceptera facilement à 8 semaines de nouveaux maîtres.

LES FAMILLES SAUVAGES : LE CHAT FÉRAL

Un chaton domestique qui reste avec sa mère et la portée au-delà de 12 semaines – ce qu'il ferait dans la nature – devient étonnamment indépendant en ce qui concerne la recherche de nourriture. Dans ce domaine, il n'a plus besoin de sa mère dès 5 mois.

Au même âge, les chatons mâles sauvages qui vivent avec leurs frères et sœurs se montrent agressifs pendant les jeux sociaux. Ils manifestent des comportements sexuels – ils saisissent par exemple une femelle par la peau du cou avec les dents. Un mois après, ils quittent souvent leur groupe familial et peuvent errer longtemps avant de trouver un territoire où ils s'établiront.

Quant aux femelles, elles restent auprès de leur mère si la nourriture est suffisamment abondante. Elles se préparent à partager les « occupations ménagères », c'est-à-dire à élever les portées des années à venir.

Comprendre les chats

On a souvent dit que le chat domestique était un animal solitaire parce qu'il a tendance à se montrer distant et indépendant ; en fait, il ne l'est pas vraiment. Il doit pour le moins partager son territoire avec son maître, et s'il est autorisé à sortir, il ne restera sans doute pas indifférent à ses congénères.

Tous les chats sont des individus sociaux, et au long de millions d'années d'évolution, ils ont développé un grand nombre de moyens pour communiquer.

Les échanges avec votre chaton

Bientôt, un chaton va partager votre vie. Pour lui, vous serez un ange gardien tout-puissant qui l'abritera, le réchauffera, le nourrira et lui tiendra compagnie.

Si vous avez une idée des techniques de communication qu'utilisent les membres de son espèce, vous éviterez les crises relationnelles quand il sera là. Nous ne connaissons pas encore la signification exacte des postures et des expressions physiques et vocales qu'adoptent les chats ; mais avec de l'observation et de la pratique, vous comprendrez mieux les bases du langage corporel de votre chaton.

Le langage corporel

En adoptant certaines postures, certaines expressions faciales et certains comportements, de nombreux animaux – dont nous-mêmes – font partager ce qu'ils ressentent à leurs congénères. Le sourire, la poignée de main et le baiser sont tous des éléments du langage corporel humain qui n'ont pas besoin de mots pour être compris. Cependant, nous nous appuyons tellement sur l'écriture et sur la parole pour communiquer que nous avons du mal à décrypter ces signaux animaux, beaucoup plus subtils.

Les chats sont très différents de nous : le langage corporel est l'un de leurs principaux moyens d'échange. Ils sont d'ailleurs très attentifs et très réceptifs au comportement des autres animaux.

Quand nous sommes en présence d'un chat et que nous essayons d'interpréter son humeur ou ses intentions, il est important d'observer son corps tout entier pour avoir une idée générale de ce qu'il éprouve. Cependant, cette interprétation est moins évidente qu'on pourrait le penser. Certes, diverses postures corporelles et expressions faciales caractéristiques ont été étudiées, individuellement ; mais les chats les associent parfois dans des combinaisons spécifiques que leurs congénères comprennent, mais pas nous. Les futures recherches nous en apprendront sans doute davantage sur les secrets encore cachés de leur langage corporel.

Ce chaton est effrayé : son dos rond signifie sans doute qu'il ne sait pas s'il doit attaquer ou se défendre. Cette posture se retrouve souvent chez les chatons qui jouent.

Les postures corporelles

Lors d'un face-à-face agressif avec un congénère ou un autre animal, le chat qui veut attaquer essaie généralement de donner l'impression que son corps est le plus gros possible : il se redresse autant qu'il le peut et hérisse le poil tout le long de son dos.

À l'opposé, un chat soumis s'aplatira complètement sur le sol et rentrera la tête dans les épaules. Cependant, s'il y est contraint, il pourra lancer un assaut défensif malgré cette position de repli.

La posture du gros dos serait caractéristique de l'effroi ou de l'hésitation entre l'attaque et la défense. Cette position est aussi couramment adoptée par les chatons quand ils jouent entre eux.

Les expressions faciales

Il est souvent difficile de juger de l'humeur d'un chat d'après son expression faciale, car elle réunit de nombreux facteurs – direction du regard, taille et forme des pupilles ou position du pavillon des oreilles. L'interprétation peut être encore plus délicate si l'animal modifie imperceptiblement son expression au fur et à mesure de ses changements d'humeur.

Ce chat montre qu'il veut bien se laisser approcher et caresser : queue relevée, oreilles écartées sur le côté et pupilles à demi resserrées.

Ce chat est effrayé, mais il hésite entre l'attaque et la défense : oreilles rabattues de chaque côté de la tête, pupilles toutes rondes, gros dos et queue dressée.

Ce chat prévient qu'il pourrait attaquer : oreilles rabattues vers l'arrière, pupilles réduites à de minces fentes, queue flasque.

Un chat qui fait bande à part donne l'impression d'être sur le qui-vive, mais il garde la queue pendante.

En général, un chat soumis évite de croiser le regard d'un agresseur et rabat complètement ses oreilles. Ses pupilles vont probablement se dilater. Les oreilles de l'attaquant, elles, sont dressées mais écartées sur le côté et vers l'arrière, de façon à augmenter sa silhouette pour celui qui le voit de face.

Les mouvements du bout de la queue

Le chat se sert essentiellement de sa queue pour s'équilibrer quand il saute, grimpe et galope mais, quand il est au repos, il lui arrive aussi de l'utiliser comme moyen de communication. Il en bouge alors le bout indépendamment de la base, et ces frétillements sont bien connus des observateurs du comportement félin. Cependant, en dépit de ce qui a été dit ou écrit, ces mouvements ne semblent pas parfaitement contrôlés, et ne sont donc pas vraiment expliqués.

Les positions de la queue

Elles ont été beaucoup mieux étudiées. Quand il accueille un ami ou qu'il joue, un chat tient souvent sa queue dressée. Quand il est en situation d'agression défensive, il la recourbe, tandis que l'attaquant abaisse la sienne. Quand il l'agite de mouvements de fouet, il est excité, angoissé ou contrarié.

Les coups de griffes

Un chat peut s'attaquer à des objets à coups de griffes pour différentes raisons.

- Il laisse une trace visible de sa présence.
- Il invite ses compagnons à venir analyser des odeurs déposées par des glandes situées à l'extrémité des pattes des chats.
- Il entretient ses griffes.
- Il signale sa supériorité sur des chats plus soumis.
- Il indique un énervement survenu dans ses relations avec ses maîtres.

Les chats, tant sauvages que domestiques, ont tendance à griffer plus particulièrement certaines choses. À l'extérieur, il s'agira surtout de surfaces en bois ; à l'intérieur, ce seront les tapis, les meubles ou les chambranles de porte. Heureusement, la plupart des chats peuvent apprendre à faire leurs griffes sur d'autres objets placés en des points stratégiques de la maison (voir page 82).

Le toucher

Chez le chaton nouveau-né, le sens du toucher est le plus développé de tous ; en fait, il existe déjà chez le fœtus de 28 jours (voir page 15). La communication tactile restera importante durant toute sa vie.

Les chats frottent souvent leur tête et leur corps contre les autres animaux, mais aussi contre les objets inanimés. Ce comportement est sans doute une façon de transmettre des messages odorants à d'autres chats, notamment pour signaler leur passage. Ces frictions corporelles peuvent aussi servir à renforcer le statut social ; ainsi, un chat qui veut marquer sa soumission frottera sa tête contre l'animal pour lui dominant. À commencer bien sûr par son maître.

LES CRIS DU CHAT

Certains chats adultes, notamment ceux de certaines races, comme le siamois, sont particulièrement bruyants. Les scientifiques ont identifié onze vocalisations différentes chez le chat, mais il existe en fait un nombre infini d'appels individuels.

Le ronronnement

Le ronronnement d'un chat est produit par ses cordes vocales et les muscles de son larynx. Bien que ce soit un des sons le plus fréquemment émis, les experts ne savent pas encore exactement ce qui le déclenche. Un chat se met à ronronner dans de nombreuses circonstances.

- Quand son maître est là.
- Quand on le caresse.
- Quand il s'occupe de ses chatons.
- Quand il rencontre un chat familier.
- Quand il se frotte sur un objet ou roule sur lui-même.
- Quand il somnole.
- Quand il se trouve dans un environnement familier.
- Quand il souffre beaucoup.

Quand un chat se frotte ainsi la tête contre son maître, c'est pour échanger son odeur avec la sienne, ou pour confirmer qu'il accepte sa soumission.

Le miaulement

On a recensé trente et une variantes de cette vocalisation, ce qui prouve non seulement qu'il existe des différences subtiles entre les sons, mais aussi que nous les interprétons de diverses façons.

Certains chats développent des miaulements spécifiques qu'ils émettent dans des situations précises. Ainsi, ils utilisent un miaulement quand ils quémandent de la nourriture, et un autre quand ils veulent que l'on ouvre la chatière. D'autres pratiquent le miaulement « silencieux » : leur gueule bouge, mais aucun son n'en sort.

Les grondements et les feulements

Les chats produisent une série de sons en relation avec leur activité sexuelle et d'agression. Une femelle en chaleurs lance un appel caractéristique (voir page 12), tandis que des animaux qui s'affrontent émettent des miaulements d'intimidation et des feulements. Un sifflement est le signal d'une attaque imminente.

Les appels des chatons

Les chatons nouveau-nés sont incapables d'émettre toute la série de sons des adultes : leur répertoire personnel s'enrichit au fur et à mesure de leur croissance. Ils sont sourds à la naissance (voir page 25), aussi leurs premiers signaux de détresse sont-ils « préprogrammés ». Un petit de quelques jours est aussi capable de ronronner, et ne s'en prive pas quand il tète. Les premiers miaulements apparaissent au moment du sevrage. À peu près à la même époque, le chaton développe des vocalises agressives tels les feulements et les grondements.

LES ÉCHANGES AVEC LES CHATS

Dans vos relations avec les chats, vous ne devrez jamais oublier que ces individus indépendants considèrent leurs rapports avec les autres sous leur angle propre. Une part importante de leur langage corporel est basée

LA PSYCHOLOGIE FÉLINE

Avez-vous remarqué que, face à un groupe de gens qu'il ne connaît pas, un chat se dirige très souvent vers la seule personne qui ne le souhaite pas ? La raison en est simple. Dès qu'il est entré dans la pièce, tous les amoureux des chats l'ont regardé fixement et ont fait tous les efforts possibles pour l'attirer. Ils ont commencé à lui parler, à s'agiter et parfois même à se déplacer pour tenter de le toucher.

En revanche, la personne indifférente est restée parfaitement calme, et a même probablement évité de le regarder de crainte de retenir son attention. Le chat, lui, interprète les choses différemment : cette personne lui semble plus amicale et moins menaçante que les autres. Dès lors, il cherchera à établir un contact plus étroit.

sur les signaux « allez-vous-en » : par exemple, plutôt que de chercher à savoir si vous êtes un ami, un chat essaiera de déterminer si vous êtes un ennemi.

La naissance de l'amitié

Lors de vos premières tentatives pour amadouer un chat, commencez par vous asseoir et restez calme, en faisant mine de l'ignorer. Parlez d'une voix douce. Si vous le regardez, fixez plutôt sa queue que son visage. Il va d'abord rester à une certaine distance, ou se rapprocher insensiblement. Dans l'un et l'autre cas, évitez tout mouvement brusque, et laissez-le faire son exploration avec ses yeux, ses oreilles et son nez.

Si le chat vous renifle, puis s'éloigne lentement pour aller se coucher un peu plus loin, ne voyez pas là une attitude négative : s'il pensait que vous êtes un ennemi, il ne se serait même pas approché.

S'il décide de s'asseoir sur vos genoux, de frotter sa tête contre vous, de ronronner et de vous pétrir de ses pattes avant, considérez-vous comme un grand ami.

Une première découverte

Vous avez projeté d'adopter bientôt un chaton, mais vous n'avez peut-être que peu, ou pas du tout, d'expérience animale. Dans ce cas, vous avez tout intérêt à consacrer auparavant un peu de temps à observer des chats appartenant à des parents, des amis ou des voisins ou des gens de votre famille.

Les chats ont tous leur personnalité, et ceux que vous rencontrerez réagiront sans doute envers vous de manière très différente. Prenez-les dans vos bras et demandez à participer à leur bilan de santé (voir pages 106 et 107) ou au toilettage (voir pages 108 à 111).

Les règles de la manipulation

- Ne poursuivez jamais un chat pour l'attraper de force : il demeurerait craintif pour le reste de ses jours.
- Quand vous le toilettez, que vous lui brossez les dents ou que vous lui administrez des médicaments, maintenez-le avec assurance. Les chats n'aiment pas être immobilisés, mais ils se résignent à leur sort s'ils sont tenus correctement, sans excès de force ni de faiblesse, ce qui les rend immanquablement anxieux.
- Si vous tenez un chat qui se débat – même pour jouer – évitez (si possible) de le laisser s'échapper avant qu'il n'ait retrouvé son calme. S'il croit qu'il suffit de s'agiter pour être relâché, il comprendra vite... et il deviendra impossible de le maintenir.
- Face à un chat farouche, il est souvent efficace de lui proposer de très petites quantités de nourriture. Au début, il ne prendra sans doute pas ce que vous lui donnez. Posez alors le morceau appétissant par terre : il finira par vous faire confiance.
- Faites preuve de douceur dans vos caresses, et évitez la région du ventre : pour de nombreux chats, elle représente une partie vulnérable de leur corps.
- Bien que certains chats se calment quand on les met sur le dos, laissez-les plutôt dans leur position naturelle.

Il vous faudra bien maintenir votre chaton chaque fois que vous le soignerez. Cela vous sera plus facile s'il se trouve dans un endroit peu familier, sur une table par exemple.

Les préparatifs de l'arrivée

Les responsabilités nouvelles qu'implique l'adoption d'un chaton vont requérir de votre part un engagement total. Prenez donc de l'avance. Vous trouverez ici des conseils pour choisir l'animal qui conviendra à votre famille, pour aménager votre domicile et pour décider de la nourriture de votre nouveau compagnon.

Qu'est-ce qu'un bon maître ?

On pense souvent que tous les amoureux des chats sont capables de bien s'en occuper. L'affection, cependant, ne suffit pas. Pas plus d'ailleurs qu'un compte en banque bien fourni, une grande maison et un jardin étendu. Votre investissement personnel est beaucoup plus important. Votre chaton prendra en effet beaucoup de place dans votre vie, et vous devrez peut-être faire des sacrifices pour lui.

Votre nouveau chaton deviendra un membre de la famille. Vous devrez prendre soin de lui durant toute sa vie ; et on connaît des chats qui ont atteint l'âge de 30 ans.

Quelle que soit la race du chaton que vous choisirez, et même s'il est très indépendant, vous devrez le nourrir, l'éduquer, l'abriter, le protéger et le soigner.

Les aménagements

Votre domicile et votre éventuel jardin auront peut-être besoin de quelques aménagements (voir pages 50 et 51). Il vous faudra également acquérir à son intention un certain nombre d'objets (voir pages 52 et 53). Pourrez-vous assumer ces dépenses ?

L'alimentation

Votre chaton ne sera pas seulement qu'une bouche de plus à nourrir ; il aura des besoins nutritionnels spécifiques. Certes, le choix des aliments tout prêts est vaste, mais vous ne pourrez pas vous contenter d'ouvrir des boîtes de conserve (voir pages 54 à 67).

L'éducation

Les chatons naissent avec les instincts de leurs cousins sauvages. Vous devrez donc aider le vôtre à s'adapter à votre mode de vie, très différent. Lorsque vous

PRÉVOIR L'AVENIR

Votre chaton, s'il n'est pas victime d'un accident, vivra au moins 10 ans, voire bien davantage. Dans le même temps, de nombreux changements risquent d'intervenir dans votre existence. Votre chat trouvera-t-il sa place dans cette nouvelle vie ? Que se passera-t-il si vous déménagez ? Ou si vous partez pour l'étranger ? Qu'adviendra-t-il alors de votre compagnon ? Prenez des dispositions pour qu'il ne se retrouve pas abandonné. Vous êtes responsable de lui pour la vie.

ATTENTION !

Certaines personnes sont très sensibles aux poils de chat. Ils peuvent provoquer une réaction allergique sévère chez l'un des membres de votre famille. En cas de doute, demandez conseil à votre médecin.

l'adopterez, à l'âge de 8 semaines environ, il aura déjà fait l'expérience du milieu dans lequel nous vivons et de nos habitudes, parfois étranges pour lui. Mais jamais vous ne lui apprendrez à s'asseoir, à vous accompagner ou à vous attendre comme vous le feriez avec un chiot.

L'exercice

Les chats dorment nettement plus que la plupart des autres animaux. Pour être en forme, ils ont cependant besoin d'exercice. Vous penserez à donner à votre chaton des jouets et des accessoires propres à stimuler son corps et son cerveau (voir pages 82 à 85).

La santé

Les maîtres sont responsables de la bonne santé de leur chat. Celui-ci doit être vacciné régulièrement et débarrassé de ses parasites ; il a aussi fréquemment besoin d'un toilettage et de soins dentaires. Vous effectuerez vous-même plusieurs de ces interventions ; d'autres nécessiteront une consultation vétérinaire.

Les soins médicaux dispensés aux chats deviennent onéreux quand ils sont très sophistiqués. Les accidents et les maladies surviennent souvent quand on ne les attend pas. Certains chats développent des affections à long terme qui réclament plusieurs années de traitement. Pourrez-vous faire face à ces dépenses inattendues ? Envisagez-vous de souscrire une assurance-maladie pour votre animal (voir page 105) ?

Les vacances

Vous ne partirez sans doute pas en vacances avec votre chaton. Durant votre absence, qui s'occupera de lui ?

Votre famille

Même si vous pensez assumer seul la responsabilité de votre jeune compagnon, celui-ci aura bien entendu des relations avec les autres membres de la famille. Aiment-ils tous les chats autant que vous ? N'êtes-vous pas le seul à désirer irrésistiblement un chaton ?

Durant la période d'apprentissage, notamment, celui-ci abîmera inévitablement de nombreux objets. Quelle sera votre réaction, et celle des autres occupants de la maison, s'il marque son territoire en griffant votre canapé tout neuf ? Accepterez-vous de gaieté de cœur, en période de mue, de trouver des poils dans votre assiette ? Que direz-vous des traces de pattes boueuses qu'il déposera sur vos vêtements, sur les tapis ou les meubles un jour de pluie ?

Les moyens financiers

Vous avez les moyens d'acheter un chaton. Que se passerait-il si votre situation matérielle se dégradait ? Seriez-vous capable de quelques sacrifices ?

Les autres points importants

- Parlez de votre projet d'adoption à des amis qui ont eux-mêmes un chat. Ils vous donneront franchement leur avis sur la question.
- Une expérience personnelle est toujours enrichissante. Ainsi, si ces mêmes amis s'absentent, proposez-leur de garder leur animal (de préférence chez eux).
- Établissez un budget prévisionnel. Dressez la liste de tout ce dont vous aurez besoin (voir pages 52 et 53) ; déterminez le coût d'entretien moyen d'un chat – nourriture, prévention des parasites, vaccinations, soins, assurance (voir page 105), éventuels frais de garde, remplacement des accessoires hors d'usage et, bien sûr, petits cadeaux !

Posez-vous dès maintenant une question, une des plus importantes : un chaton ou deux ?

Faire le bon choix

Le choix du chaton qui vous conviendra le mieux est une tâche délicate, tant les races sont nombreuses. Elles diffèrent non seulement par l'aspect physique, mais aussi, dans une certaine mesure, par les comportements. Peut-être êtes-vous déjà attiré par les qualités esthétiques d'un animal d'un type particulier ? N'oubliez pas, cependant, les bizarreries de caractère et les soins spécifiques de chaque race.

Les siamois, par exemple, sont superbes, mais assez bruyants. D'autre part, leur fourrure, pour ceux qui ont le poil long, doit être beaucoup plus fréquemment entretenue que celle des chats à poil court.

C'est aussi le moment de décider si vous adopterez un ou deux petits. Choisirez-vous un mâle ou une femelle ? Opterez-vous pour un tout jeune chaton ou pour un sujet plus âgé (voir page 47) ?

Les chatons de pure race

En décidant de choisir ce genre de chaton, vous aurez une idée assez précise de l'aspect qu'il aura et, dans une certaine mesure, de son tempérament à l'âge adulte. Il ressemblera à ses parents, à ses grands-parents et, même, à ses arrière-grands-parents : c'est ainsi que se définit une race pure.

Les chatons croisés

Les chatons croisés sont issus de parents de race pure, mais différente. Ils sont pour la plupart le résultat de l'intervention de l'homme. Des chats déjà croisés et de même apparence physique sont croisés entre eux durant plusieurs générations ; il arrive un jour où parents et enfants finissent par se ressembler vraiment. Cependant, la génétique gardant encore bien des mystères, on ne sait jamais si le chaton tiendra davantage de l'un ou l'autre de ses parents.

Les chatons de gouttière

On les appelle ainsi quand l'un de leurs parents, ou les deux, sont croisés. Il est alors difficile de prévoir la taille, l'aspect et le caractère qu'ils auront quand ils seront adultes. Leurs ascendants sont en effet peut-être issus de multiples croisements, depuis très longtemps.

LES PURES RACES

La classification des pures races se fait selon différents critères, qui n'incluent malheureusement pas les comportements propres à chacune d'entre elles, car ils ont été trop peu étudiés. Les descriptions qui accompagnent ces regroupements sont souvent émaillées de considérations anthropomorphiques et subjectives. Cependant, les préjugés dont elles témoignent ne sont pas tous à négliger.

On distingue chez les chats de race pure deux types extrêmes de morphologie. Le premier se définit par une tête ronde et de larges épaules (persan et british shorthair, par exemple), le second par de la souplesse et une forte musculature, avec une petite tête (le siamois en est le meilleur exemple). Les autres races occupent toute la gamme intermédiaire.

Les animaux de pure race se classent assez facilement selon la longueur de leur poil : poil long, poil mi-long et poil court. Plusieurs d'entre eux sont présentés plus en détail ci-dessous.

Les chats à poil long

Bien des gens sont attirés par l'allure étonnante de ces animaux, sans aucun doute très impressionnants. Toutefois, envisagez l'avenir sous l'angle pratique : les maîtres de ces chats doivent fournir des efforts considérables et quotidiens – notamment en ce qui concerne l'entretien de leur fourrure – pour leur conserver beauté et santé. En aurez-vous le temps et l'envie ? Pensez-y, et demandez conseil à des gens qui en possèdent un avant de prendre votre décision.

Les vétérinaires voient trop souvent arriver dans leur cabinet des chats au poil emmêlé, souffrant de problèmes de peau. Leurs maîtres, pour la plupart, ont donc manqué à leur devoir de toilettage, bien qu'ils acceptent mal d'être taxés de négligence envers leur animal.

Les persans • Ce sont les plus connus des chats à poil long. Ils présentent une grande variété

Persan peke face

de couleurs et de motifs de robe. Ils ont généralement un caractère placide et distant. Cependant, les persans colour point (obtenus à l'origine par croisement avec des siamois) sont un peu plus actifs et « bavards ». Ils sont tous très calmes et vivent heureux en appartement. Ils font bon ménage avec les autres chats, les animaux d'espèce différente et les enfants.

Norvégien

Les chats à poil mi-long

Ce groupe comprend des races très attirantes, dont le pelage doux et long demande moins d'entretien que celui des persans. Certaines d'entre elles sont d'ailleurs étroitement apparentées aux races à poil court.

Les balinais • Ils ressemblent un peu à des siamois à poil long. Comme eux, ils portent une robe présentant des marques colorées sur la face et l'extrémité des oreilles, des pattes et de la queue. Mais ils se montrent moins turbulents et apprécient la compagnie des animaux et des humains.

Les birmans • Ces chats, magnifiquement marqués, ont des zones (« points ») sombres sur la face, les oreilles, la queue et les pattes (dont l'extrémité est toujours blanche). Leurs yeux, d'un bleu de porcelaine, sont particulièrement séduisants. Très actifs, les birmans possèdent un charme tranquille. Ils s'entendent bien avec les enfants et les autres animaux.

Les norvégiens et les maine coons • La popularité de ces chats imposants est récente. Plein d'entrain et hardis, ils savent se montrer discrets et apprécient la vie en plein air. Ces deux races, au caractère plaisant, offrent toute une gamme de robes différentes.

Les ragdolls • Très populaires depuis quelques années, ces grosses « poupées de chiffon » sont des chats attirants, dotés d'un tempérament gentil et affectueux. Ils se parent de robes différentes, notamment bicolores et colour point (colorées aux extrémités).

Les somalis • Ces chats, variantes à poil long de l'abyssin (voir ci-contre), partagent avec lui la couleur de la robe et un corps aux formes élancées et musclées. Ils sont cependant un peu moins puissants et athlétiques. Très joueurs, ils aiment la vie en plein air, mais ils sont silencieux, affectueux et faciles à manipuler.

Les turkish vans • Ces animaux séduisants sont très étonnants physiquement. Ils ont un pelage blanc, doux et soyeux, avec des marques rousses ou crème sur la face, autour et en dessous des oreilles ; leur queue est ornée d'anneaux de deux teintes. Les turkish vans sont intelligents. Ils n'atteignent que lentement leur maturité et deviennent alors imposants. Curieusement, ils aiment l'eau, et certains d'entre eux, même, adorent nager.

Les chats à poil court

Le pelage ras concerne un très large éventail de races.

Les abyssins • Ils ont un aspect sauvage, très reconnaissable. Leur pelage tiqueté (chaque poil est strié de deux ou trois bandes sombres) les place à part des autres races. Intelligents et curieux, les abyssins ont le goût de l'aventure. Cela ne les empêche pas d'être affectueux et d'aimer le confort. Ils cohabitent volontiers avec d'autres chats.

Les bleus russes • Ces animaux gris, magnifiques, possèdent des yeux verts en amande et un pelage dense et soyeux. Ils sont doux, affectueux et peu exigeants.

Les british shorthairs • Ces chats puissants et vigoureux ont une robe courte et bien fournie qui présente toute une gamme de couleurs et de marques, allant de l'unicolore jusqu'au colour point. Ils sont vifs, hardis, et vivent souvent très vieux. Leur gros appétit entraîne parfois un embonpoint certain. Aimant le grand air et le soleil, ils apprécient cependant les jardins bien clos. Ces compagnons agréables, chasseurs enthousiastes, vous rapporteront souvent des cadeaux !

British shortair

Les burmeses • Joueurs et extravertis, ils participent volontiers à la moindre activité. Souvent musclés et vigoureux, ils sont généralement très actifs et adorent grimper.

Les chartreux • Ces chats rustiques se distinguent par leur robe, bleu-gris comme le cuir de leur nez. Très attachés à leur maison, ils ont une tendance certaine à la paresse. Mais si l'occasion s'en présente, ils deviennent des chasseurs agiles.

Les korats • Venus de Thaïlande, ces chats gris, joueurs et actifs, se reconnaissent à leur tête en forme de cœur et à leurs grands yeux. Un léger reflet argenté fait miroiter leur pelage.

Les orientaux à poil court • Ces chats, à la morphologie mince et allongée, comptent parmi les plus intelligents et les plus dynamiques. Ce sont des compagnons absolument délicieux, qui ensorcellent leur maître, mais qui réclament beaucoup d'attention. Ils ont une voix qui ne les fait jamais oublier. Malicieux, ils ont tendance à s'ennuyer s'ils n'ont pas assez d'activité. S'ils y sont habitués dès leur plus jeune âge, ils font des chats d'appartement parfaits. Leur robe offre une gamme de couleurs très variée.

Les siamois • Ils comptent parmi les chats les plus connus. Longs et minces, ils sont intelligents et « bavards ». Confiants, ils vivent en bonne intelligence avec les autres animaux. Ils s'efforcent cependant toujours de régenter la maisonnée. S'ils sont bien éduqués et correctement traités, ils vivent longtemps. Leur pelage, colour point, présente une palette de nuances assez vaste.

Les nouvelles races

Plusieurs races se sont récemment développées.

Les asians • Ces chats de type burmese présentent des pelages tabby de diverses nuances, notamment le tabby tiqueté. Ce sont des chats robustes, à la forte personnalité.

Les bengals • Avec ces chats, leur maître a parfois l'impression de vivre avec un léopard. Leur pelage luxuriant, tacheté d'or, peut être considéré comme une vraie fourrure. Leur morphologie et leur regard sauvage ne doivent pas faire oublier leurs qualités domestiques. Ces animaux imposants sont en effet des compagnons sociables qui apprécient la vie en famille et les grands espaces.

Les ocicats • Tachetés comme des chats sauvages, ils sont de taille moyenne ou grande. Lointains cousins des siamois et des abyssins, sociables, les ocicats peuvent être des compagnons dévoués.

Bengali

LES AUTRES CRITÈRES

Les exemples que nous venons de citer montrent bien qu'une étude critique des races est essentielle pour le choix d'un chaton. Rappelez-vous cette règle d'or : l'aspect n'est pas tout.

Approfondissez vos investigations. N'hésitez pas à vous renseigner chez un vétérinaire, parlez-en à d'autres propriétaires de chats de différentes races, à des spécialistes du comportement et même à des toiletteurs.

Un ou deux chatons ?

Vous pensez peut-être avec inquiétude aux moments où votre chat restera seul, et vous vous demandez si vous devez en adopter deux. Sachez d'abord que là n'est pas la solution : la présence d'un autre chat ne compensera pas votre absence.

Les chats s'adaptent très bien à la vie en société. Si la nourriture et l'espace qu'ils partagent sont suffisants, ils vivront parfaitement heureux à deux. Cependant, votre relation avec eux sera différente de celle que vous auriez avec un seul compagnon.

Parce qu'ils appartiennent à la même espèce et savent se comprendre, vos chatons établiront peut-être des liens plus forts entre eux qu'avec leur maître. En revanche, en grandissant, ils entreront en compétition pour conquérir la place de chat dominant dans votre maison, surtout si ce sont deux mâles. S'ils sont de sexe différent, ils chercheront à s'accoupler, à moins d'avoir été stérilisés précocement (voir pages 122-123).

Contrairement à ce que l'on a souvent affirmé, deux chats vivant ensemble ne posent pas moins de problèmes qu'un animal tout seul. Cependant,

ATTENTION !

Certaines races très sophistiquées souffrent souvent d'affections spécifiques et bien connues. Ainsi, les chats à face très plate, tels les persans (voir page 44), sont plus exposés aux troubles respiratoires et aux problèmes dentaires. Quelques chatons issus de chats de race à oreilles pliées (scottish fold) naissent avec des anomalies articulaires. Un chaton sur quatre issu d'un croisement de chat de l'île de Man meurt avant sa naissance. Consultez votre vétérinaire, en cas de doute sur la race du chaton que vous souhaitez adopter.

nombreux sont ceux qui pensent que certains chats de race – dont les cornish rex (voir encadré ci-dessous) – sont plus heureux s'ils ont un compagnon félin.

Si vous adoptez deux chatons, n'oubliez pas que vous allez doubler les frais et les responsabilités. Choisissez des petits de la même portée. Pensez à les faire stériliser dès que possible si ce sont des mâles ou deux animaux de sexe opposé.

Mâle ou femelle ?

Les mâles adultes entiers sont en général trapus, et plus actifs et destructeurs que les femelles. Ils ont tendance à vagabonder, à uriner pour signaler leur présence aux autres chats et marquer leur territoire. Ils déclenchent de nombreuses bagarres avec des rivaux. La castration est la meilleure façon de contrôler ces comportements (voir page 122).

Il est difficile de déterminer d'emblée le sexe d'un chat qui a été stérilisé avant la puberté ; rien dans son aspect ou dans son comportement ne le révèle. En effet, les mâles castrés ont tendance à se comporter comme des femelles (ainsi, celles-ci manifestent davantage d'affection à leur maître que les mâles entiers). Avant de décider de l'intervention, sachez que les traits de caractère propres à chaque sexe seront nécessairement estompés.

Un chaton tout jeune ou plus âgé ?

À 8 semaines, le chaton a atteint l'âge idéal de l'adoption (voir page 36). Mais peut-être préférerez-vous accueillir un animal plus âgé et bien sociabilisé (6 à 12 mois), que vous trouverez généralement dans un refuge.

Toutefois, bébé chat ou jeune chaton, ses comportements n'évolueront pas avec le temps s'il s'agit d'un animal de race pure (voir pages 68 et 69). Pour ma part, je conseille souvent d'adopter un petit dès la 8e semaine.

C'est en effet bien préférable pour la plupart des familles inexpérimentées. L'observation d'un chaton qui se développe peu à peu est à la fois drôle et pleine d'enseignement.

LES CHATS À PELAGE BOUCLÉ

Deux races bien particulières, le devon rex et le cornish rex, présentent un pelage court et bouclé, diversement coloré. Leurs mues semblent être moins importantes que chez les autres ; dès lors, certaines personnes allergiques aux poils de chat peuvent cohabiter avec eux sans problème.

LES DEVON REX (ci-contre)
Ces petits animaux légers portent un pelage plus court que celui des cornish. Ils ont des têtes de lutin avec des yeux écarquillés, de grandes oreilles et un petit museau pointu. Très actifs et joueurs, ils ont besoin d'une atmosphère familiale pleine d'entrain et d'affection.

LES CORNISH REX
Plus grands, ils sont assez robustes, avec de grandes pattes et une longue queue effilée. Intelligents et gais, ils aiment particulièrement s'amuser et grimper le plus haut possible. Plus heureux quand ils sont deux, ils apprécient les attentions de leur maître.

La recherche d'un chaton

Vous avez décidé du genre de chat qui vous convient ? Il vous reste maintenant à le trouver.

Si vous souhaitez un chaton de race pure de 8 semaines, il vous faut d'abord choisir la mère : vous serez ainsi certain que le petit que vous adopterez non seulement lui ressemblera physiquement, mais aura les mêmes comportements ; il vous faudra cependant attendre qu'elle ait mis bas et élevé sa portée.

Si vous préférez un chaton croisé ou un chaton de gouttière du même âge, les délais seront moins longs. Cependant, les femelles sont fécondes essentiellement au printemps et en été (voir page 123) ; il est donc difficile de trouver des chatons toute l'année.

La plupart des accouplements entre chats de races différentes ou entre chats croisés ne sont pas programmés. Vous ne pourrez donc pas choisir la mère de votre futur chaton avant qu'elle ne soit pleine.

Ne laissez pas vos enfants vous accompagner lors des visites préliminaires : c'est plus sage. Ils risqueraient en effet d'être très déçus si vous décidiez que la mère, les chatons ou leur environnement ne vous conviennent pas pour une raison ou une autre.

UN CHATON DE PURE RACE

Par où commencer ?

- Prenez contact avec le club national de la race choisie. Il vous mettra en relation avec des éleveurs de votre région, ou d'ailleurs.
- Fréquentez les expositions félines locales ou nationales. Vous y ferez des rencontres utiles. Vous pourrez également discuter avec des éleveurs et découvrir leurs chats.
- Si quelqu'un de votre entourage possède un chat de la race que vous souhaitez, cherchez à savoir d'où il provient. Si possible, notez son pedigree et le nom de ses parents. Vous pourriez peut-être les retrouver.
- Lisez les pages pratiques des journaux locaux. De nombreux propriétaires de femelles pleines passent des annonces avant la naissance des chatons.

Et ensuite ?

- Sélectionnez les éleveurs qui possèdent une mère potentielle, et allez-les voir, sans faire d'exception. Essayez de savoir avec quel mâle cette femelle a été accouplée. Demandez à la voir.
- Au cours des visites, observez attentivement la chatte qui vous intéresse, mais également son maître et tout l'environnement futur du petit à naître. Rappelez-vous que les premières expériences d'un chaton ont une influence sensible sur son développement psychique ultérieur (voir page 31). Vous devez avoir toute confiance dans le milieu où il baignera durant les premières semaines de sa vie.

L'adoption sera l'occasion de faire participer toute la famille au projet. Des recherches bien menées seront aussi d'un grand intérêt pédagogique.

ATTENTION !

Évitez d'acheter votre nouveau compagnon dans une animalerie, ou tout autre magasin proposant différentes races de chats. L'environnement dans lequel y vivent les chatons ne leur est jamais bénéfique. Les animaux qui ont connu ces conditions de vie ont mal commencé leur existence.

• Il peut vous sembler plus judicieux d'adopter le chaton d'une famille de votre entourage. Ce choix ne doit pas être une solution de facilité ; vous risqueriez de le regretter.
• Certains centres de la SPA accueillent des chatons de race pure et s'efforcent de les placer. Téléphonez régulièrement aux meilleurs refuges. Demeurez prudent, cependant, si l'on vous présente une portée dont on ne connaît pas les origines (voir page 69).

CHATS CROISÉS ET CHATS DE GOUTTIÈRE

Par où commencer ?

• Recherchez dans les journaux locaux les annonces de portées futures ou de chatons nouveau-nés.
• Prenez contact avec les vétérinaires les plus proches. Les propriétaires de femelles fécondées accidentellement viennent souvent leur demander des conseils d'obstétrique. Ils les aident souvent à trouver de bons foyers pour les futurs chatons.
• Téléphonez à des associations de protection animale. Si vous adoptez votre premier chaton, évitez d'en choisir un qui a déjà été séparé de sa mère (voir page 69).

Et ensuite ?

• Rencontrez plusieurs propriétaires de femelles qui ressemblent au chaton que vous désirez. Si aucune d'entre elles ne vous plaît, poursuivez vos recherches.
• Si vous découvrez une portée déjà âgée de plusieurs semaines et que tout corresponde à vos espérances, vous devrez peut-être prendre une décision plus rapide que prévu (vous trouverez des informations plus détaillées pages 68 et 69). Cependant, ne négligez pas pour autant les étapes préparatoires décrites ci-dessous.

Si vous êtes encore inexpérimenté, assurez-vous que votre chaton sera resté avec sa mère jusqu'à son adoption, et qu'il aura été habitué à la présence humaine.

Un chaton plus âgé

La recherche d'un chaton plus âgé requiert les mêmes efforts que celle d'un chaton de 8 semaines. Cependant, dans ce cas, il est parfois très difficile, voire impossible, de connaître son histoire personnelle.

UNE BONNE PLANIFICATION

Après avoir mené votre enquête, vous saurez où aller chercher votre chaton. Si celui-ci n'est pas encore né, restez en relation avec le propriétaire de sa future mère. Avec un peu de chance, tout se passera comme prévu. Vous pouvez cependant être déçu.

Imaginez que vous soyez en quatrième position sur la liste d'attente pour un mâle et que la portée n'en compte que trois. Cette situation s'est déjà vue, aussi ne vous réjouissez pas trop vite. Si cela vous arrivait, vous choisiriez d'attendre la prochaine portée de la chatte que vous avez choisie, ou de reprendre vos recherches.

Les chatons attendus sont nés. Ils sont en bonne santé et suffisamment nombreux pour satisfaire tous les demandeurs. Il est temps de projeter une visite afin de choisir le vôtre (voir pages 68 et 69). Marquez dans votre agenda la date – quand il aura 8 semaines – à laquelle vous pourrez aller le chercher.

Commencez dès maintenant à préparer son arrivée. Si les chatons ont déjà un certain âge lorsque vous ferez connaissance de la portée et de la mère, ne perdez pas de temps.

L'aménagement de la maison et du jardin

Votre maison et votre éventuel jardin présentent un grand nombre de risques potentiels pour un jeune animal. Commencez donc par diminuer les risques. Comme tous ses semblables, le vôtre se montrera curieux et très ingénieux pour découvrir son nouveau territoire. Il fera connaissance avec le monde qui l'entoure à l'aide de ses pattes, griffes et dents.

À L'INTÉRIEUR

Efforcez-vous de rendre votre domicile moins dangereux pour un jeune animal. Ne péchez cependant pas par excès ; il ne s'agit pas d'en faire un désert nu.

L'aire de jeu de votre chaton

Tout d'abord, déterminez le lieu que vous réserverez à votre nouveau compagnon pour qu'il y joue en toute liberté. Votre préférence ira à une pièce où vous pourrez le surveiller. Éiminez d'office la cuisine, pour des raisons évidentes d'hygiène et de sécurité.

Explorez tous les recoins de cette pièce afin de vous assurer qu'elle ne présente aucun danger caché. Placez tous les fils électriques hors de portée. Retirez les plantes et, si vous utilisez votre cheminée, équipez-la d'un pare-feu. Disposez les meubles de façon que le jeune chat ne se couche sur un radiateur brûlant. Déménagez les bibelots. Assurez-vous que les portes basses des placards sont munies de fermetures solides.

Votre chaton essaiera de grimper partout où il le pourra. L'escalade des rideaux, notamment, sera toujours pour lui très amusante. Les chatons tombent rarement. Mais, si tout le plaisir est dans l'ascension, ils ont en revanche fréquemment besoin d'être secourus quand ils sont arrivés au sommet.

Assurez-vous que les ouvertures sur l'extérieur sont bien closes. Même si vous avez un jardin, le nouvel arrivant ne pourra y avoir accès que 1 semaine après la première série de vaccinations (voir pages 120 et 121).

Votre chaton préférera faire ses besoins en toute tranquillité ; choisissez l'emplacement de son bac à litière à votre convenance, à l'exception de l'endroit où vous lui donnerez à manger.

Le nid de votre chaton

Disposez quelques morceaux de tapis en fibres synthétiques (voir page 52) en deux ou trois endroits de la pièce ; votre chaton choisira sa couche. Mais vous pouvez aussi lui offrir un lit plus luxueux. Mon chat Gorbatchov dort dans un hamac fixé au radiateur.

Les règles du foyer

Vous devrez interdire – et permettre – à votre chaton l'accès à différentes pièces de la maison. Il lui faudra aussi apprendre à se comporter convenablement. Par exemple, s'il saute sur un meuble, vous l'arrêterez aussitôt et vous lui donnerez un premier avertissement, sans toutefois le punir (voir page 79). En grandissant, votre compagnon deviendra rapidement respectueux de ces règles. Vous le laisserez alors circuler librement dans d'autres pièces.

À L'EXTÉRIEUR

Tout animal domestique qui s'aventure à l'extérieur court certains risques. Vous les limiterez en tenant compte de ces quelques conseils.

Les mesures de sécurité

Si votre jardin est agrémenté d'un bassin, prévoyez une rampe de secours pour votre animal s'il est tombé à l'eau. Si votre pièce d'eau est recouverte d'un filet, assurez-vous que celui-ci n'est pas troué. Si vous disposez d'un réservoir d'eau, posez-y un couvercle.

Vous rangerez soigneusement les instruments de jardinage et vous fermerez les barrières ainsi que la fenêtre et la porte de la cabane à outils. Vous veillerez également à ce que votre chaton n'absorbe pas de produits chimiques, dans leur conteneur ou au sol.

Enfin, sachez que votre chaton sera toujours tenté de s'aventurer beaucoup plus loin si aucune clôture bien adaptée ne le retient.

Un espace en plein air

Pour éviter les problèmes, offrez à votre chaton son propre domaine, limité et bien clos. Commencez à le construire dès maintenant (voir pages 88 et 89).Vous trouverez dans le commerce des clôtures prêtes à monter ; mais si vous êtes bricoleur, fabriquez-la vous-même. Ou clôturez votre jardin par une barrière dense.

1 Vous souhaitez que votre chaton ne dépasse pas les frontières du jardin ? Une haute clôture, surmuntée d'une bande de filet rabattue vers l'intérieur, l'empêchera de s'échapper. 2 Rangez tous les outils de jardinage et les produits chimiques dans un cabanon fermé. 3 Couvrez le réservoir d'eau. 4 Bien que les chatons ne soient guère attirés par les plantes toxiques, éliminez-les quand même. 5 Étendez un filet à la surface de votre bassin.

1
2
3
4
5

Les accessoires indispensables

Pour prendre soin correctement de votre chaton, il vous faudra un certain nombre d'accessoires. Dans ce domaine aussi, prévoyez de les choisir et de les acheter avant son arrivée.

Les accessoires décrits ci-dessous sont tous d'un grand intérêt. Vous en achèterez certains ; vous en emprunterez d'autres ; vous pourrez même en fabriquer vous-même.

Le panier de transport

Un panier est absolument nécessaire pour transporter un chaton en toute sécurité. Il en existe de différentes sortes ; les plus pratiques sont les « transporteurs », boîtes en plastique démontables, avec ouverture par le haut ou en deux parties. Ils sont en effet faciles à nettoyer, et on y place et on en retire les animaux facilement. D'autres accessoires de transport, les sacs notamment, sont moins rustiques, mais ils sont aussi nettement moins pratiques. De nombreux vétérinaires vont diront qu'il est très difficile d'en extraire un chat qui y a solidement planté ses griffes !

La couche

La solution la moins onéreuse consiste à utiliser un tapis en fibres synthétiques : il est confortable, chaud et facile d'entretien. Vous pouvez aussi choisir une couche rembourrée de mousse ou un coussin déformable, garni de billes en polystyrène. Évitez le panier en osier ; vous aurez beaucoup de mal à le nettoyer.

Le bac et la litière

La plupart des bacs à litière sont en plastique et, pour la couleur, vous n'aurez que l'embarras du choix. Il vous en faudra au moins deux (voir pages 74 à 77). Choisissez-les suffisamment profonds pour que votre chaton n'éparpille pas sa litière tout autour. Cependant, si les parois sont trop hautes, il ne pourra pas grimper dedans. Dans un endroit

LES MAGASINS D'ACCESSOIRES

On trouve actuellement de nombreux accessoires pour chats dont la qualité est fonction du prix. Préférez toujours les articles correctement emballés et étiquetés, accompagnés d'une notice d'utilisation. Les magasins spécialisés emploient du personnel compétent qui saura vous guider dans vos choix. Ne pensez pas que les plus grandes boutiques sont forcément les meilleures, bien au contraire. Vous obtiendrez d'excellents conseils dans un magasin modeste, tenu de longue date par le même commerçant. On trouve également, et de plus en plus souvent, des accessoires pour chats chez le vétérinaire (certains produits de soins, d'ailleurs, ne peuvent s'acheter que chez lui). Dans tout bon cabinet, un personnel expérimenté saura vous conseiller. Demandez d'ailleurs toujours l'avis de personnes compétentes avant de prendre une décision concernant la santé et le bien-être de votre chaton.

passant, un bac couvert lui offrira un peu d'intimité. Faites provision de feuilles en plastique pour tapisser le fond des bacs. Achetez une pelle pour les nettoyer.

La nourriture et les ustensiles

Vous aurez généralement décidé de la nourriture et des habitudes alimentaires de votre chaton lorsque vous le ramènerez chez vous (voir pages 54 à 67) ; mais, si celui de son précédent propriétaire ne vous plaît pas, vous ne changerez pourtant pas son mode nutritionnel dès le premier jour (voir page 63).

Si vous choisissez des aliments déshydratés (voir page 60), conservez-les dans une boîte hermétique. Votre chaton aura aussi besoin d'une écuelle et d'un bol à eau qui lui conviennent (voir page 64).

Le collier d'identité

Même si la loi vous oblige à tatouer votre chaton, ce qui pourra vous permettre de le retrouver s'il s'est perdu, il est prudent de le doter d'un collier d'identité (voir page 99), sur lequel vous inscrirez vos nom et adresse ou numéro de téléphone à l'encre indélébile ou auquel vous attacherez une plaque d'identité.

Lorsque vous le mettrez pour la première fois à votre chaton, assurez-vous qu'il n'est pas trop serré : vous devez pouvoir glisser deux doigts en dessous. Tout collier doit être élastique ou conçu pour se rompre afin d'éviter que votre animal ne s'étrangle si un objet tel qu'une branche s'y accroche (voir pages 98 et 99). Évitez d'y fixer des clochettes et autres grelots qui risquent aussi de s'accrocher.

Les jouets

Votre chaton se montrera très actif physiquement, mais son cerveau aura aussi besoin d'exercice ! Trouvez-lui des jouets qui stimulent ses comportements naturels : bondir, utiliser ses pattes avant comme des battoirs ou des écopes (voir page 85). Et n'oubliez pas qu'une simple boulette de papier froissé l'amusera tout autant qu'un objet sophistiqué. Les unités de jeux et les arbres à chats (voir page 84), d'apparition récente sur le marché, sont d'excellents produits.

Le griffoir

Tous les chats ont une tendance naturelle à s'attaquer avec leurs pattes avant à certains des objets qui les entourent. C'est une façon de marquer leur territoire, et probablement de se faire les griffes.

Un vieux morceau de bois deviendra un griffoir idéal pour un chat d'appartement ; à défaut de le trouver dans la nature, vous vous le procurerez dans le commerce. Ne l'achetez surtout pas s'il est recouvert de tapis : votre chaton risquerait de ne plus faire la différence avec votre belle moquette épaisse.

La chatière

Si vous laissez votre chaton sortir dès qu'il le peut après ses premières vaccinations, installez une chatière appropriée (voir pages 86 et 87).

Le matériel éducatif

Si l'on sait s'y prendre, un chaton s'éduque très facilement. Pour vous aider à lui faire comprendre ce qui n'est pas acceptable, équipez-vous d'un vaporisateur ou d'un jeu de disques sonores (voir pages 78 et 79).

L'équipement sanitaire

Vous aurez absolument besoin d'un pèse-personne, qui doit déjà équiper votre salle de bain. Il vous faudra également diverses brosses pour entretenir le pelage de votre chaton (voir pages 108 à 111), des accessoires pour les soins dentaires (voir pages 112 et 113) et des produits antiparasitaires (voir pages 114 à 117). Une trousse de secours ne vous sera utile que si vous savez vous servir des divers instuments qu'elle renferme.

Les produits d'hygiène

Faites l'acquisition d'un détergent spécial pour nettoyer les « oublis » accidentels de votre chaton, et également d'un désinfectant à usage vétérinaire (voir page 77).

La nourriture et la boisson

Il est préférable que vous décidiez de la façon de nourrir votre futur compagnon avant son arrivée. Vos choix seront plus rationnels et plus objectifs que si vous avez un chaton affamé sous les yeux : il est tellement attendrissant que vous risqueriez de céder.

Un régime équilibré

Les besoins alimentaires d'un chat sont très différents des vôtres. Et ceux d'un chaton, plus spécifiques, en font un chat encore plus particulier. Votre jeune compagnon sera à l'image de ce qu'il mangera. Son alimentation lui permettra de fabriquer ses cellules sanguines, ses nerfs, ses muscles, sa peau, ses poils aussi bien que ses os et ses dents.

Quel que soit le régime que vous lui réservez, sa nourriture devra lui fournir de l'énergie. Elle devra aussi lui apporter les nutriments essentiels au bon fonctionnement de son organisme, reconstituer ses « matériaux de construction » et assurer sa croissance.

L'établissement d'un régime alimentaire équilibré et nutritif est une tâche complexe. Laissons-le donc aux nutritionnistes employés par les fabricants d'aliments pour animaux. Assurez-vous cependant que votre chaton bénéficiera pleinement de leur savoir-faire en lui offrant les produits les plus appropriés. La composition de ses repas est tout un art qui vous demandera de l'attention.

Les pages qui suivent vous donnent des informations sur les aliments, la digestion et les repas tout prêts vendus dans le commerce.

La nourriture

Les aliments, ingérés sous forme solide ou liquide, fournissent :

- de l'énergie, nécessaire à l'activité et au maintien de la chaleur corporelle ;
- les éléments indispensables à la croissance, au renouvellement des tissus, à la reproduction ;
- les substances nécessaires pour contrôler les processus physiologiques.

Les différents types de nutriments

Tous les aliments simples, au même titre que les repas plus complexes, contiennent de l'eau et différents nutriments, en quantités variables.

Les glucides • Appelés aussi hydrates de carbone, ils apportent au corps de l'énergie et sont susceptibles de se transformer en graisse corporelle. Ils ont une influence sur le fonctionnement du système digestif (voir page 56). Le glucose et la cellulose, par exemple, sont des glucides.

Les lipides • Ils constituent la source d'énergie la plus concentrée. Ils favorisent l'absorption de certaines vitamines (voir page ci-contre). Ils fournissent les acides gras essentiels nécessaires à certaines fonctions physiologiques. Enfin, ils améliorent la saveur des aliments qui en contiennent beaucoup.

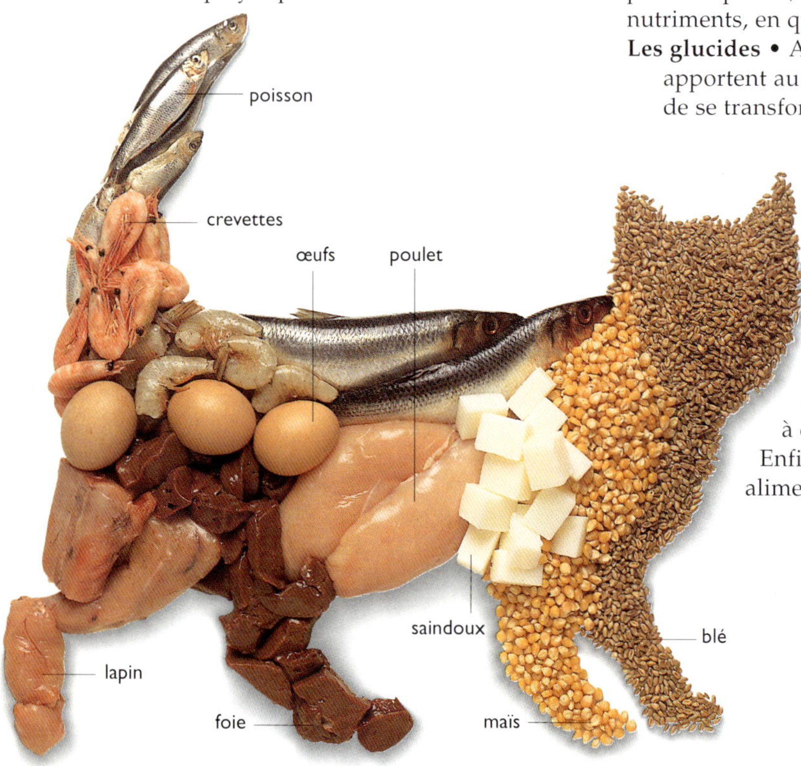

Les chats sont des carnivores exclusifs. Ils ont donc besoin d'aliments d'origine animale et ne survivraient pas à un régime exclusivement végétarien. L'illustration ci-contre présente quelques-uns des ingrédients entrant dans la composition des aliments tout prêts (voir pages 58 à 60).

SE NOURRIR DANS LA NATURE

Dans la nature, les chats sauvages n'ont besoin d'aucune aide pour se nourrir et rester forts et en bonne santé. Leur régime alimentaire leur est dicté par leur instinct et leurs sens très développés de l'odorat et du goût, ainsi que par les différentes proies disponibles selon les périodes de l'année.

Comme d'autres animaux sauvages, ces chats ressentent la faim parce qu'ils ont fréquemment besoin de reconstituer leurs réserves d'énergie, en absorbant ce que nous appellons des calories : c'est ce qui les pousse à chasser. Mais en mangeant, ils s'assurent aussi de rester vigoureux et de vivre le plus longtemps possible. Les chats sauvages consomment de trop grandes quantités de certains éléments – ce qu'il faut éviter sur une période prolongée chez le chat domestique –, mais ils n'en souffrent guère car ils ont une espérance de vie assez courte.

Les chats de compagnie, comme les chats sauvages, sont avant tout des carnivores. Pour rester en bonne santé, ils ont besoin d'une alimentation comprenant un minimum de produits animaux. Ils ne peuvent survivre en vrais végétariens.

Les protéines • Elles sont dissociées lors de la digestion (voir page 56) et apportent alors à l'organisme des substances appelées acides aminés. Ce sont les « pierres de construction » du corps. Celui-ci élabore aussi différentes hormones à partir des acides aminés, qui peuvent en outre être convertis en énergie en cas de besoin.

Les minéraux • Présents dans les aliments en petites quantités, ils jouent un rôle dans la plupart des fonctions capitales de l'organisme, notamment dans les mécanismes du système nerveux. Le calcium et le phosphore sont des composants essentiels des os et des dents. Le sodium, le magnésium et le potassium sont eux aussi fournis par la nourriture.

Les vitamines • Elles sont, comme les minéraux, présentes en petites quantités dans certaines catégories d'aliments. Elles jouent un rôle dans le contrôle des nombreuses réactions chimiques et de différents processus physiologiques.

La digestion chez le chat

Le système digestif du chat est un remarquable transformateur d'aliments.

La bouche • C'est la porte d'entrée du système digestif. Ici, les aliments s'imprègnent de salive. Les dents fractionnent la nourriture en petits morceaux (alors que les autres carnivores les coupent en gros morceaux qu'ils avalent tout ronds), mais la plupart des aliments tout prêts n'ont pratiquement pas besoin d'être mâchés (voir pages 58 à 60).

L'œsophage • Il relie la bouche à l'estomac ; ce n'est qu'un conduit de passage.

L'estomac • Ici, les aliments sont brassés avec les sucs gastriques qui commencent à dissocier les protéines. Cet organe contrôle aussi le flux constant des aliments partiellement digérés vers les intestins.

L'intestin grêle • Cette partie des intestins, la plus longue et la plus mince, assure l'essentiel de la digestion. L'intestin grêle fabrique des enzymes digestives, tout comme le pancréas, qui produit en outre l'insuline, une substance qui contrôle le taux de sucre dans le sang. Ces enzymes continuent de dissocier les protéines, les glucides et les lipides en éléments plus petits. Ceux-ci peuvent alors franchir la paroi intestinale et passer dans la lymphe : un phénomène appelé « absorption » (voir encadré).

Le gros intestin • Lorsqu'il reçoit les aliments, ceux-ci ont perdu presque toute valeur nutritive. Cependant, des bactéries digèrent encore quelques protéines et quelques fibres.

Le rectum • Cette ultime partie de l'intestin stocke jusqu'à la défécation tous les matériaux non digérés, mêlés à un peu d'eau, à quelques minéraux et à des bactéries mortes.

Le système digestif du chat

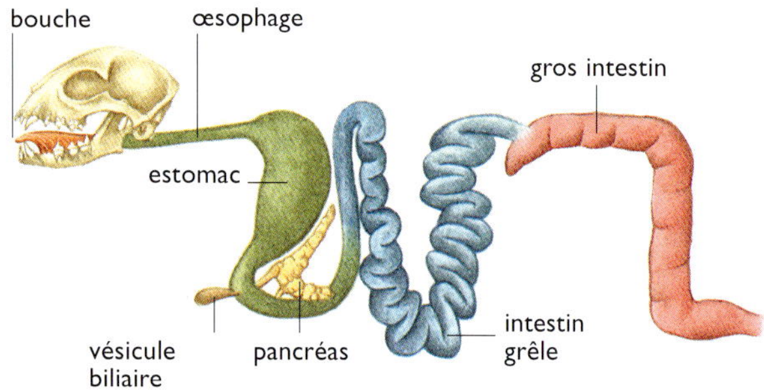

Le système digestif du chat est placé sous contrôle nerveux et hormonal. Il se compose de différentes parties reliées entre elles, qui assurent chacune une fonction précise.

LE RÔLE DE L'INTESTIN GRÊLE

Durant la digestion, la paroi de l'intestin grêle se contracte pour favoriser le mélange des aliments. De la bile, produite dans le foie et recueillie dans la vésicule biliaire, s'y ajoute ; les substances chimiques qu'elle contient sont indispensables à la digestion des graisses.

La plupart des nutriments digérés (y compris les vitamines et les minéraux) et l'eau passent dans l'organisme en traversant la paroi de l'intestin grêle. Celle-ci est extrêmement plissée et couverte de petites protubérances en forme de doigts de gant qui augmentent d'autant la surface de passage des aliments.

Un régime équilibré

Si vous voulez bien nourrir votre chaton, dressez la liste des nutriments qui lui sont indispensables. Calculez les quantités nécessaires à son activité, à sa croissance et à sa santé. Ces « besoins nutritionnels » dépendront notamment de son âge et de son mode de vie.

Des années de recherches menées par les fabricants d'aliments pour animaux ont abouti à la publication de tables diététiques. Elles définissent les impératifs alimentaires d'un chaton en pleine croissance et ceux d'un chat adulte. Ces tables, très complexes, sont difficiles à exploiter par la majorité des propriétaires de chats. Elles sont cependant extrêmement utiles aux professionnels de la santé et de l'alimentation animales.

Le futur maître que vous êtes doit savoir qu'il existe plusieurs moyens de satisfaire les besoins nutritionnels de votre jeune compagnon.

L'alimentation naturelle

Si vous pensez que votre chaton doit se nourrir de façon parfaitement naturelle, essayez de le laisser chasser seul. Cependant, s'il n'en a jamais fait l'expérience avant son adoption, et si sa mère ne lui a jamais enseigné ce qu'était une proie, il sera affamé avant d'avoir réussi à attraper quelque chose.

Bien sûr, vous pouvez aller chercher dans la nature des lapereaux ou des levraults et les lui rapporter. Mais, quand bien même vous seriez assez habile pour les attraper, parviendrez-vous à lui apprendre à manger ces petites proies ?

Avantages • L'adéquation parfaite du régime à la nature prédatrice du chat.

Inconvénients • Une grande saleté ; la difficulté de se procurer les « ingrédients » ; la longueur de la préparation.

Dès qu'un chat commence à manger, son système digestif entre en action afin de décomposer les aliments en nutriments.

Nos aliments frais

Vous préférerez peut-être composer les menus de votre chaton en achetant de la viande et d'autres produits destinés à la consommation humaine. Saurez-vous cependant faire les justes choix ? Pour obtenir un bon équilibre, il vous faudra connaître la valeur alimentaire de chaque produit.

Si vous choisissez cette solution, vous aurez besoin des conseils de personnes compétentes et de nombreuses informations diététiques. Cette solution, la plus complexe de toutes, n'est guère recommandée.

Avantages • Haute qualité des aliments, permettant de réaliser des préparations savoureuses et appétissantes.

Inconvénients • Le prix des repas et la durée de leur préparation ; le gaspillage de produits destinés à notre consommation ; la difficulté d'équilibrer le régime.

Les repas tout prêts

Vous pouvez sans aucun problème nourrir votre chaton exclusivement avec les produits tout prêts vendus dans le commerce (voir pages 58 à 60). Il en existe aujourd'hui un très vaste choix.

Avantages • L'étendue de la gamme proposée, pratique et appétente ; le prix très abordable de repas équilibrés.

Inconvénients • La difficulté de distinguer les bons produits ; la confiance aveugle dans le savoir-faire des fabricants en matière de nutrition animale ; l'implication moindre du maître.

Les repas mixtes

À mon avis, ils représentent la meilleure solution. Sélectionnez soigneusement les meilleurs aliments tout prêts et utilisez-les quotidiennement ; ils apporteront à votre chaton tous les éléments dont il a besoin. Complétez-les cependant avec de très petites quantités de produits frais et variés (voir page 65). Vous corrigerez ainsi les éventuelles carences nutritionnelles minimes des repas tout prêts, qui pourraient venir d'une composition, d'une fabrication ou d'une indication inappropriées, et vous vous sentirez plus responsable de votre animal.

En France, 95 % des chats domestiques mangent des aliments tout prêts, et pratiquement tous les jours quand ils vivent en ville.

Avantages • Le bon équilibre nutritionnel, permettant au maître de faire des choix et d'avoir l'esprit tranquille ; la variété, qui apprend au chaton à consommer des aliments divers.

Inconvénients • Sans doute aucun.

Le système digestif du chat est efficace, mais il n'absorbe pas tout. En général, moins la nourriture est de bonne qualité, plus les selles sont importantes.

LES ALIMENTS TOUT PRÊTS

Lorsque l'on considère l'incroyable variété des aliments tout prêts disponibles dans les grandes surfaces, dans les magasins spécialisés et chez les vétérinaires, on a peine à croire que l'alimentation animale soit une industrie aussi récente. Elle s'est considérablement développée depuis une soixantaine d'années, et elle représente actuellement un marché de plusieurs milliards de francs. De nouveaux produits apparaissent sans cesse.

Pourtant, certains propriétaires de chats se montrent encore réticents à acheter ces préparations. Ils ont probablement tort, car elles sont scientifiquement élaborées, régulièrement testées, et en constante évolution. Leur perfectionnement a très sensiblement amélioré l'état de santé moyen des populations de chats domestiques.

Il n'en demeure pas moins que certains produits sont meilleurs que d'autres. Comment choisir ceux qui conviendront le mieux à votre chaton ?

LES INGRÉDIENTS

Dans tous les pays de la Communauté européenne, la loi oblige les fabricants à n'utiliser que des produits issus de bêtes d'abattoir sanitairement contrôlées pour l'alimentation humaine. En France, la plupart des aliments pour animaux sont produits par des industiels adhérant à un syndicat professionnel, le FACCO (Syndicat des fabricants d'aliments pour chats, chiens et oiseaux). Ils s'engagent à ne pas se servir de viande de cheval, de poney, de baleine, de phoque ou de kangourou. Le thon est autorisé, s'il est pêché selon des techniques inoffensives pour les dauphins.

Le choix des aliments industriels est énorme. Demandez l'avis d'une personne compétente avant de faire votre choix. Les aliments pour chats tout prêts sont des produits qui leur sont spécialement destinés. Ils ont été formulés et élaborés par des industriels.

Les aliments complets

Ils doivent contenir le taux minimal recommandé de chacun des nutriments nécessaires au type de chat auquel ils sont destinés (âge, tendance à l'embonpoint, activité physique, pathologies...).

Réunissant un certain nombre d'ingrédients spécifiques, ils sont dits « complets » parce qu'ils suffisent en eux-mêmes à l'alimentation féline.

Cependant, l'équilibre alimentaire de votre jeune animal ne sera pas perturbé si vous rajoutez certains produits en très petites quantités (voir page 65).

Certains aliments complets conviennent à tous les chats, quels que soient leur âge et leur style de vie.

D'autres répondent à des besoins spécifiques, tels ceux d'un chaton en pleine croissance.

Avantages • L'équilibre du dosage des ingrédients ; une utilisation facile ; soyez cependant attentif à la clarté des informations portées sur les étiquettes (voir pages 61 et 62).

Inconvénients • La nécessité de faire confiance aux compétences du fabricant en matière nutritionnelle, surtout si vous comptez nourrir votre chat toute sa vie avec le même produit à partir du sevrage ; car alors, des déséquilibres nutritionnels, même minimes, dans la composition de celui-ci risquent d'avoir des conséquences importantes à long terme.

LES TESTS

Quand l'étiquette d'un aliment tout prêt précise qu'il est complet, cela signifie qu'il peut constituer la nourriture exclusive d'un chat durant des années ; c'est pourquoi le plus léger déséquilibre dans sa composition peut affecter à long terme la santé de l'animal. Les meilleurs aliments tout prêts sont aujourd'hui testés selon deux techniques. Cependant, pour la plupart d'entre eux, l'emballage ne précise pas qu'elles leur ont été appliquées. Pour obtenir davantage d'informations, écrivez au service consommateurs du fabricant.

LES ANALYSES EN LABORATOIRE

La première méthode, et la plus simple, consiste à étudier chimiquement le produit en laboratoire, afin d'en déterminer les différents ingrédients. L'aliment est dit complet si ces analyses révèlent que ceux-ci correspondent aux quantités idéales et aux besoins nutritionnels des chats auxquels il est destiné. Toutefois, ces résultats demeurent quantitatifs, et ne concernent pas la qualité.

L'EXPÉRIMENTATION FÉLINE

Elle permet d'effectuer des mesures qualitatives. Les scientifiques commencent par sélectionner un groupe de chats concernés par l'aliment ; ils les nourrissent ensuite avec le produit qu'ils veulent tester, puis ils contrôlent leur forme physique et leur digestion.

Les aliments complémentaires

Ces aliments, qui n'ont en aucun cas la prétention de couvrir tous les besoins de votre chat, sont préparés à partir d'un ingrédient unique, ou de plusieurs. Les boîtes « tout viande » en sont un exemple.

Avantages • Une implication accrue du maître dans l'alimentation de son animal, qui lui demandera davantage de réflexion.

Inconvénients • Une plus grande attention pour combiner les ingrédients et décider des quantités, afin d'équilibrer le régime, ce qui naturellement demande du temps, que vous n'avez peut-être pas ; un risque de suralimentation.

LES DIFFÉRENTES FORMES D'ALIMENTS TOUT PRÊTS

Les aliments complets et complémentaires se présentent sous trois formes, qui se distinguent par la quantité d'eau qu'ils renferment. Le même produit peut associer deux présentations différentes, déshydratée et demi-sèche par exemple. Sachez cependant qu'un chat a besoin avant toute chose de manger en quantité suffisante et selon ses besoins nutritionnels. Dans la plupart des cas, peu lui importe la forme sous laquelle se présentera sa nourriture.

Chaque présentation offre un certain nombre d'avantages et d'inconvénients.

Les aliments déshydratés

La plupart des aliments déshydratés ne contiennent plus que de 5 à 12 % d'eau. Ce sont généralement des croquettes, de forme variable. Elles se composent de nombreux ingrédients végétaux et animaux (qui doivent être déshydratés avant la fabrication, la viande fraîche ne pouvant pas entrer dans leur composition). Ces ingrédients sont cuits à la vapeur à haute température, puis débités selon la forme souhaitée avant d'être séchés et aspergés de matières grasses.

Avantages • Un prix relativement bas et un conditionnement en grosses ou en petites quantités ; à qualité égale, ces aliments sont près de 30 % moins chers que les autres. Laissés à l'air libre, ils s'altèrent moins rapidement ; ils peuvent donc rester dans l'écuelle et être consommés en « libre service ». Ils aident à lutter contre certaines affections dentaires (voir pages 112 et 113). Faciles à utiliser et à conserver, ils ne sont pas salissants. Ils ont certes une odeur, mais elle demeure légère.

Inconvénients • Le côté artificiel et peu chaleureux du geste alimentaire ressenti par de nombreux maîtres (la plupart du temps, les chats, eux, ne sont d'ailleurs pas du même avis !) ; une digestibilité et un attrait un peu moindres et une durée de conservation un peu moins grande.

Les aliments semi-humides

Ils contiennent généralement de 15 à 50 % d'eau. Ceux qui en renferment le moins rappellent les aliments déshydratés. À l'opposé, ceux qui en renferment le plus ressemblent à de la viande hachée ou coupée en petits morceaux. Ils sont habituellement vendus en boîte de plusieurs portions, protégées dans des sachets. Les aliments semi-humides se composent d'un mélange de viandes et de céréales réduit en pâte. Celle-ci est ensuite moulée et détaillée.

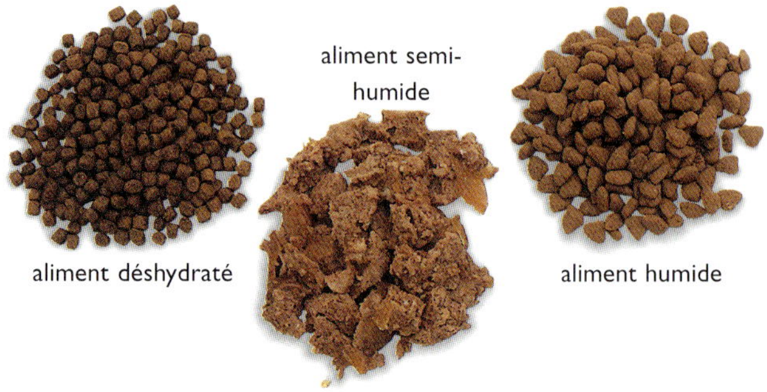

Les aliments tout prêts sont disponibles sous trois formes. Elles préservent toutes leurs qualités nutritionnelles. Chacune offre des avantages et des inconvénients.

Avantages • Une odeur discrète : une meilleure tolérance à l'air que les aliments humides : on peut donc les laisser quelque temps dans l'écuelle, en « libre service ».

Inconvénients • Un choix réduit (seuls quelques produits sont commercialisés sous cette forme) ; un prix plus élevé, à qualité égale, que les aliments déshydratés.

Les aliments humides

Ils contiennent de 60 à 85 % d'eau et sont généralement cuits. Les divers ingrédients sont mis dans des boîtes ou sur des barquettes, qui sont ensuite scellés puis placés dans des autocuiseurs. Différentes sortes de viandes (poisson inclus), des légumes et des céréales composent habituellement ce type de produit.

Avantages • Une plus grande digestibilité et un aspect plus appétissant que les autres types d'aliments ; un vaste choix ; une conservation de longue durée (notamment pour les aliments en boîte).

Inconvénients • Un prix plus élevé que celui de tous les autres produits, à qualité égale ; une texture molle qui les rend plus salissants ; un dessèchement plus rapide à l'air, qui ne leur permet pas d'être consommés en « libre service ».

L'UTILISATION DES ALIMENTS TOUT PRÊTS

Les étiquettes et les emballages des aliments tout prêts comportent un grand nombre d'informations très utiles. Elles vous permettront de choisir le produit le mieux adapté à votre chaton. Elles vous aideront également à le nourrir correctement. N'utilisez donc jamais ces produits sans avoir consulté préalablement ces informations, qui sont parfois difficiles à repérer au milieu des textes de présentation et de publicité. Dans les pays de la Communauté européenne, les étiquettes des produits alimentaires pour chats doivent répondre clairement à huit questions importantes.

À quel animal l'aliment est-il destiné ?

L'étiquette doit préciser la nature de l'animal qui peut consommer le produit. Si elle mentionne « aliment pour chats », sans autre précision, cela signifie qu'il conviendra à tous, du chaton sevré jusqu'au chat très âgé. Certains produits, en revanche, sont plus spécialement conçus pour une catégorie précise d'animaux, les chatons en pleine croissance par exemple. Les fabricants les plus consciencieux définissent en outre ce qu'ils entendent par « chaton » (ils indiquent, par exemple, que la nourriture est destinée aux jeunes chats jusqu'à l'âge de 12 mois). N'achetez pas pour votre animal des aliments destinés aux chiens, car il risquerait à plus ou moins long terme de tomber sérieusement malade.

De quel type d'aliment s'agit-il ?

Aliment complet ou aliment complémentaire ? La réponse à cette question influencera les autres décisions que vous prendrez pour nourrir votre chat.

UNE PRÉCISION SUR LES NUTRIMENTS

À moins de connaître parfaitement les besoins nutritionnels de votre chat, ne vous basez pas sur la seule analyse inscrite sur l'étiquette. Ne tentez pas de comparer, d'un produit à l'autre, les taux qu'elle indique. Si deux produits sont vendus sous une forme différente – par exemple déshydratée et semi-humide –, ces quantités peuvent être très trompeuses.

Rappelez-vous qu'un aliment complet est suffisant en soi. Ce n'est pas le cas d'un aliment complémentaire (voir pages 58 et 59).

Quelle est sa composition ?

La mention des ingrédients sera peut-être moins détaillée que vous ne le pensez. Les fabricants ne sont pas tenus d'en donner la liste exhaustive : ils ont le droit de n'indiquer que les catégories des différents produits. Ainsi, un emballage pourra porter les mentions suivantes : viandes et produits animaux dérivés ; céréales ; produits d'origine végétale. Ces noms génériques sont de plus en plus utilisés, souvent par manque de place sur l'étiquette. Ils apparaissent par ordre de poids décroissant.

Quelle quantité de chaque nutriment contient-il ?

L'analyse de base indique pour chaque produit la teneur en protéines, en lipides et en cendres (c'est-à-dire les proportions de minéraux qu'il contient). Les quantités de nutriments sont données en pourcentage du poids total ou pour 100 g. On trouve aussi mention des quantités de fibres et d'eau (dont le taux est donné en pourcentage). En fonction des lois en vigueur dans les différents pays, seule la teneur en certaines vitamines doit être indiquée sur l'emballage, et souvent seulement si elles ont été rajoutées à la préparation. La richesse en glucides (hydrates de carbone) n'est que rarement précisée : vous pourrez cependant la déduire facilement des autres taux.

En fonction de son âge, un chat a des besoins nutritionnels variables. Ce chaton et ce chat adulte tireront profit d'une nourriture scientifiquement formulée et spécialement composée, propre à répondre à leurs attentes.

Vous avez choisi de nourrir votre chaton avec un aliment déshydraté ? Conservez celui-ci dans une boîte hermétique en plastique. Vous préserverez ainsi sa fraîcheur.

L'aliment contient-il des additifs ?

Les vitamines ajoutées, les arômes, les conservateurs et les colorants sont des exemples d'additifs alimentaires. Ils ont, dans l'ensemble, assez mauvaise réputation. Pourtant, la plupart d'entre eux sont indispensables pour préserver les qualités sanitaires et nutritionnelles des produits ; ce sont d'ailleurs ceux que nous retrouvons dans les produits que nous consommons. Les quantités nécessaires ont beau être faibles, les additifs sont toujours mentionnés sur l'étiquette, mais leur composition chimique est rarement précisée.

L'aliment est-il frais ?

Une date limite de consommation doit être indiquée sur l'emballage (et pas nécessairement sur l'étiquette).

Qui a fabriqué l'aliment ?

Si vous souhaitez obtenir d'autres informations sur le produit, écrivez au service consommateurs du fabricant, dont l'adresse figure sur l'emballage.

Comment l'aliment s'utilise-t-il ?

Vous trouverez des conseils généraux d'utilisation sur l'étiquette. Cependant, chaque animal est un cas particulier. Deux chats de même taille et de même race n'ont pas nécessairement besoin de la même quantité de nourriture. Dans ce domaine, les fabricants ne peuvent donc donner d'instructions précises. En revanche, ils font souvent des suggestions intéressantes, éventuellement sous la forme d'un « petit guide de l'alimentation ».

Si vous achetez un aliment complémentaire (voir page 59), l'étiquette doit indiquer comment l'associer de façon équilibrée aux autres produits.

Toutes ces précisions doivent être clairement libellées et explicitées. N'oubliez pas que les quantités ne sont données qu'à titre indicatif. Vous devrez les adapter aux besoins de votre chaton, en fonction de son poids et de sa condition physique (voir page 65).

LE CHOIX D'UN ALIMENT TOUT PRÊT

Le choix final du ou des produits vous appartient. Si vous êtes novice en la matière, les avis de personnes compétentes vous économiseront bien du temps et des efforts. Ils vous éviteront de vous inquiéter inutilement.

Des conseils avisés

Si vous avez besoin de conseils, faites appel à quelqu'un qui a des connaissances en matière de nutrition animale. Bien sûr, toute personne susceptible d'avoir nourri un chaton vous donnera volontiers son opinion ; elle pourra même vous faire d'utiles suggestions et vous donnera quelques indications précieuses. Méfiez-vous cependant de ceux qui prétendent tout connaître sur l'alimentation des chats.

Une des meilleures solutions consiste à vous informer auprès de votre vétérinaire ou de son ou ses auxiliaires. Quel produit choisiraient-ils pour nourrir un chat comme le vôtre ? Si vous voulez être le seul à décider en dernier recours, demandez-leur de vous communiquer une liste des produits les plus adaptés. Si vous disposez d'un peu de temps, menez l'enquête auprès de propriétaires expérimentés. Évaluez soigneusement la qualité de chacun des produits qu'ils vous recommanderont puis, muni de ces informations, consultez un professionnel.

Quelques suggestions

Suivez ces quelques conseils.

- Choisissez d'abord un aliment complet, et un seul, de marque déterminée. Celui-ci couvrira 90 % des besoins de votre animal.
- Sélectionnez un aliment spécialement conçu pour les chatons en pleine croissance. Évitez les produits prétendument adaptés à tous les âges.
- Préférez une marque réputée. Renseignez-vous pour savoir à quels contrôles le produit en question a été soumis : il vaut mieux qu'il ait été analysé en laboratoire et testé (voir page 59).
- Ne vous arrêtez pas au seul prix d'achat.

Pour estimer votre dépense, calculez les rations quotidiennes nécessaires à votre chaton, en sachant qu'elles seront en général inversement proportionnelles à la qualité de sa nourriture.

• Ne faites pas de petites économies. Les aliments bon marché contiennent souvent des ingrédients de médiocre qualité. Les aliments haut de gamme réunissent de bien meilleurs composants : ils sont en effet élaborés par des firmes capables d'investissements scientifiques pour leurs produits, ce qui explique aussi leur prix.
• Prenez plus volontiers des produits bien étiquetés, comportant des indications claires, que vous suivrez soigneusement.
• N'oubliez pas que vous aurez la possibilité de changer d'avis. Car même si l'aliment choisi est excellent sur le plan nutritionnel, il est possible que votre chat ne l'apprécie pas ; et s'il le laisse dans son écuelle, il ne bénéficiera d'aucune de ses vertus !

LES REPAS DE VOTRE CHATON

C'est le jour où vous irez chercher votre nouveau compagnon que vous commencerez à appliquer les principes que vous avez définis.

Questionnez l'ancien propriétaire sur l'aliment qu'il lui donne depuis le sevrage. Demandez-lui de vous en fournir un peu pour nourrir votre chaton dans un premier temps.

Les éleveurs professionnels ont des idées bien arrêtées sur l'alimentation des chatons. Certains sont très compétents et appliquent les méthodes les plus modernes ; d'autres expriment des points de vue plus traditionnels. Ne vous laissez cependant pas trop influencer. Faites savoir que vous avez quelques connaissances en matière de nutrition et que vous avez pris l'avis d'experts.

Le premier jour, donnez à votre chaton son aliment habituel. Le lendemain, incorporez-y une petite quantité du produit que vous avez choisi. Peut-être votre jeune pensionnaire commencera-t-il par refuser son nouveau régime. Si vous voulez l'habituer à un aliment déshydraté, laissez à sa portée quelques croquettes (voir ci-dessous). S'il s'agit d'un aliment semi-humide, faites-le légèrement tiédir. Et soyez patient. En cas de bouderie prolongée, demandez conseil à votre vétérinaire. Mais généralement, dès la fin de la première semaine d'adoption, votre chaton aura parfaitement accepté son nouveau régime.

Combien faut-il de repas par jour ?

Les chatons ont de petits estomacs. Il faut donc fractionner leur ration quotidienne en plusieurs repas réduits, afin d'éviter une surcharge de l'appareil digestif. D'ailleurs, certains chats adultes eux-mêmes préfèrent manger dix fois par jour, voire davantage. Le choix d'un aliment déshydraté (voir page 60) permet sans problème une alimentation en « libre service ». Cependant, il faudra peser régulièrement votre chaton afin de vous assurer qu'il ne grossit pas trop vite. Le cas échéant, limitez le nombre de ses repas. Les aliments humides ne doivent pas être exposés trop longtemps à l'air ; après 20 minutes, ils se dessèchent et deviennent peu appétissants.

Quelle quantité prévoit-on ?

La quantité de nourriture nécessaire à votre animal ne dépend pas uniquement du type d'aliment que vous lui donnez. Elle est aussi fonction de son âge, de son poids, de son degré d'activité et de son métabolisme de base. Tous les chatons sont donc différents. Deux individus du même sexe, du même âge et de la même race ont souvent besoin de rations légèrement différentes pour se développer correctement et demeurer en bonne santé (voir aussi page 65).

La quantité de nourriture nécessaire à un chaton dépend de ses besoins personnels et de la valeur nutritionnelle de sa nourriture. Les écuelles ci-dessous contiennent chacune une ration quotidienne d'aliment complet pour un chat âgé de 1 an.

aliment déshydraté de qualité moyenne

aliment déshydraté haut de gamme

aliment humide de qualité moyenne

aliment humide haut de gamme

Le lieu des repas

Ce sera bien sûr à vous de le choisir, mais évitez les endroits trop passants.

Si vous avez déjà un chat plus âgé, son menu sera différent de celui du chaton. Pour éviter que le premier ne s'empare de la nourriture du second, il existe un bon moyen : il suffit de placer l'écuelle du plus jeune dans une boîte en carton retournée, percée d'une étroite ouverture. Vous agrandirez le trou petit à petit.

Qui doit nourrir le chaton ?

Votre chaton respectera la main qui le nourrit. Donc, dans l'idéal, tous les membres de la famille devront lui donner ses repas à tour de rôle.

Tous les occupants de la maison participeront à l'alimentation du chaton : les chats font confiance à ceux qui les nourrissent. L'heure du repas sera ainsi un moment privilégié pour renforcer les liens d'amitié entre tous.

Quel récipient choisir ?

Achetez l'écuelle de votre chaton à l'avance. Choisissez-la de préférence en acier inoxydable ou en plastique, avec une base plus large que le bord. Incassable, elle sera ainsi facile à nettoyer et stable.

Il vaut mieux qu'elle soit antidérapante, si vous ne voulez pas la retrouver dans les endroits les plus inattendus. Elle doit être peu profonde et assez large pour que les vibrisses de votre chaton ne la touche pas lorsqu'il mange. Évitez les écuelles doubles dans lesquelles l'eau, placée trop près des aliments, devient rapidement une soupe trouble.

La variété

La plupart des chats s'accommodent très bien de manger la même chose tous les jours. Vous avez donc tout intérêt à opter pour un seul aliment complet, de très bonne qualité. Cela vous évitera, surtout au début, d'imaginer des mélanges puis d'assembler différents aliments, en ayant constamment le souci de l'équilibre alimentaire.

Il arrive pourtant qu'au bout d'un certain temps, un chaton refuse la nourriture qui lui est proposée. Il fait peut-être partie de ceux qui préfèrent un peu de changement. Quelques marques proposent plusieurs variétés du même aliment. Ainsi, à valeur nutritionnelle égale, vous résoudrez sans doute le problème sans changer de produit.

Le goût et la qualité

Ne choisissez pas la nourriture de votre chaton sur le seul critère de ses préférences gustatives. Prenez en compte d'autres éléments. Les aliments les plus savoureux ne sont en effet pas nécessairement les meilleurs sur le plan nutritionnel.

Les chipoteurs

Même si votre chaton semble aimer le changement, ne variez pas trop souvent les aliments que vous lui proposez. Il risquerait de prendre la mauvaise habitude d'accepter puis de refuser sans cesse les nouveautés. Comme beaucoup de maîtres dans cette situation, vous seriez alors contraint, pour satisfaire votre animal, d'abandonner les aliments complets de bonne qualité pour les remplacer par des produits plus appétissants mais très déséquilibrés.

Les autres types de nourriture

Nous l'avons déjà précisé : les aliments complets suffisent parfaitement à nourrir un chaton, sans qu'il soit nécessaire d'y ajouter de complément (voir pages 58 et 59). Cependant, vous pouvez proposer à votre jeune compagnon de très petites quantités d'autres produits (voir ci-dessous). S'ils sont bien choisis et s'ils ne dépassent pas 10 % de la ration quotidienne de votre animal, ils lui donneront le goût de la variété sans perturber son équilibre alimentaire. Évitez les aliments gras, trop caloriques.

Cette liste vous présente quelques bons aliments supplémentaires.

La viande fraîche • Elle contient peu de minéraux et de vitamines. Choisissez un morceau que vous mangeriez vous-même volontiers et faites-le cuire.

Le poisson • Cette excellente source de protéines est en revanche pauvre en minéraux et en vitamines. Faites cuire le poisson et ôtez toutes les arêtes pour éviter un accident.

Les œufs • Donnez-les cuits en omelette. Le blanc, consommé seul et cru, détruit une importante vitamine du groupe B.

Le fromage • Il apporte beaucoup de protéines et de lipides, mais attention : il est très riche en calories.

Le foie • Il est plus nourrissant quand il est cru, mais il peut causer des diarrhées. Si vous lui en donnez trop, votre chaton risque d'être sérieusement malade.

Les restes • Évitez de lui donner les restes de table et les sauces, qui sont pour lui très difficiles à digérer.

Les risques des aliments complémentaires

Si vous souhaitez enrichir l'alimentation de votre chaton avec certains des produits énumérés page suivante, soyez attentif à ses réactions car, dans certains cas, ils présentent des inconvénients, voire un danger.

LA SURVEILLANCE DE LA CROISSANCE

Pour calculer la ration alimentaire de votre chaton, vous commencerez par le peser. Vous suivrez ensuite les conseils donnés sur l'étiquette du produit que vous avez choisi (voir page 62). Si l'âge ou le poids de votre petit compagnon ne correspondent pas exactement aux exemples cités par le fabricant, faites une extrapolation logique. À chaque fois que vous pèserez les repas de votre animal, assurez-vous que la balance est juste.

LE POIDS DE VOTRE CHATON

Pesez régulièrement votre chaton. Comparez son poids à ceux qu'indiquent les guides d'alimentation et les courbes de croissance (voir page 36). Vous pourrez ainsi diminuer ou augmenter sa ration. Les petits chats ne mangent pas plus qu'il ne faut ; vous choisirez donc de nourrir le vôtre à la demande ou en « libre service ».

Une balance de cuisine électronique est idéale pour peser votre chaton. Vous vous assurerez, par mesure d'hygiène, que le plateau sera bien nettoyé avant d'y mettre des aliments destinés à votre consommation.

LES EXAMENS VÉTÉRINAIRES

Votre vétérinaire contrôlera la croissance de votre chaton lors des visites régulières. Elles seront l'occasion d'obtenir des réponses à toutes vos questions sur l'alimentation de votre compagnon.

Les graisses et les huiles • Certains maîtres pensent que la consommation de matières grasses embellit le pelage de leur chaton. Or, un complément lipidique est tout à fait inutile pour les chats nourris avec de bons aliments complets. Les matières grasses sont très riches en calories. Leur consommation doit s'accompagner d'une sérieuse réduction de la ration d'aliment complet. Même en très petites quantités, huiles et graisses risquent d'entraîner un grave déséquilibre alimentaire.

Les vitamines et les minéraux • Ils sont indispensables dans les régimes à base d'aliments frais (voir page 57). Ils deviennent en revanche inutiles, voire dangereux, dans les régimes à base d'aliments complets haut de gamme.

Les herbes et les plantes • Leurs bienfaits n'ont pas encore été scientifiquement prouvés, ce qui ne signifie pas qu'elles soient inutiles. Toutefois, utilisez-les avec précaution ; pensez tout simplement que certains médicaments, parmi les plus actifs, en sont issus. Absorbées en trop grande quantité, elles peuvent être toxiques.

Le chocolat • Il contient une substance nocive pour les chats, dont l'action empire quand il n'est pas sucré.

Le suivi vétérinaire

Beaucoup de nouveaux maîtres ne cessent de s'interroger sur le bien-fondé de leurs choix alimentaires. Un examen attentif de votre chat et un contrôle de ses selles constituent le meilleur moyen de se faire une opinion (voir ci-dessus, à droite). C'est pourquoi les consultations régulières chez le vétérinaire sont absolument indispensables.

Dans l'idéal, vous ferez examiner votre chaton une fois par mois, afin que soient contrôlés sa condition physique et son état de santé. Une pesée régulière conduira à l'établissement de sa courbe de croissance. Celle-ci, comparée aux courbes d'autres chatons du même type (voir page 36), permettra de s'assurer qu'il se développe normalement, c'est-à-dire ni trop vite ni trop lentement, et sans prise de poids excessive.

ATTENTION !

Vous souhaitez modifier le régime de votre chaton ? Faites-le progressivement, en mélangeant durant quelques jours le nouvel aliment et l'ancien. Les changements trop brutaux, même s'il s'agit d'aliments d'excellente qualité, provoquent des diarrhées.

La quantité d'eau que votre chaton trouve dans sa nourriture dépend de la forme de l'aliment utilisé. Une boîte d'un aliment humide courant contient plus de 85 % d'eau, soit le contenu de ces deux récipients.

Vous devez contrôler les selles de votre chaton. Si elles sont molles, cela signifie que votre animal reçoit des repas trop copieux. Si elles sont importantes, c'est que son alimentation est de médiocre qualité.

Vers une alimentation d'adulte

Vous nourrissez votre jeune compagnon avec un aliment complet pour chatons. Cependant, lorsqu'il aura atteint un poids stable, vous devrez modifier son régime et lui donner des produits pour adultes. Ce changement interviendra quand il aura environ 1 an.

L'EAU

Un chat ne survivra que quelques jours, et peut-être même pas, sans eau. Le corps d'un chat adulte renferme environ 60 % d'eau, soit jusqu'à 3 litres. L'eau est indispensable à toutes ses fonctions métaboliques. Principal composant du sang, elle joue aussi un rôle important dans la régulation thermique du corps. Elle intervient également dans le fonctionnement du système digestif.

Les pertes et les gains

Comme tous les chatons, le vôtre perd de l'eau constamment : quand il urine et défèque ; quand il expire ; quand il transpire par le nez et les pattes, quand il sécrète d'autres humeurs corporelles. Toutes ces pertes doivent être compensées.

L'organisme lui-même produit de l'eau lorsqu'il brûle des calories alimentaires pour produire de l'énergie. Cependant, la part la plus importante de ses besoins est couverte par la nourriture et l'eau fraîche qui sont absorbées.

Un aliment déshydraté traditionnel contient de 5 à 12 % d'eau. Les besoins hydriques quotidiens d'un chat nourri avec ce type de produit seront donc bien supérieurs à ceux d'un chat nourri avec un aliment humide.

Les besoins en eau d'un chat

Les besoins quotidiens en eau d'un chat adulte sont d'au moins 15 cl. Ils sont couverts par les aliments et la boisson. La quantité d'eau que votre chaton boira sera fonction du type d'aliment que vous lui donnerez. Rappelons qu'un aliment humide contient 85 % d'eau, un aliment déshydraté, seulement 5 %. En revanche, vous ne pouvez pas savoir avec précision quelles sont ses pertes hydriques quotidiennes. Assurez-vous donc qu'il a toujours de l'eau fraîche à sa disposition. Il boira quand il en ressentira le besoin.

LES AUTRES BOISSONS

L'eau fraîche et propre du robinet reste la meilleure boisson que vous puissiez offrir à votre chaton.

Le lait

De nombreux maîtres pensent qu'ils doivent donner à leur chaton du lait aussi bien que de l'eau. Certes, le lait est très nourrissant, mais il est inutile si vous donnez déjà à votre animal un aliment complet et équilibré de bonne qualité. D'autant plus qu'en grandissant, il assimilera de moins en moins bien le lactose (voir page 32), ce qui augmentera les risques de diarrhée.

Si vous avez envie d'offrir des boissons pauvres en lactose à votre chaton, sachez cependant qu'elles peuvent affecter son équilibre alimentaire.

L'eau est vitale pour votre chaton. Ses besoins dépendront de nombreux facteurs, notamment de son poids. Ainsi, ce jeune chat doit absorber 20 cl d'eau par jour en mangeant et en buvant.

Le choix d'un chaton

En choisissant votre chaton au milieu d'une portée, dites-vous bien qu'aucun de ses membres n'est meilleur que les autres. Ils ont tous leurs qualités et leurs défauts. Si cela vous est possible, allez les voir plusieurs fois avant de vous décider. Vous vous ferez ainsi une idée plus précise du caractère de chacun.

Vous allez prendre une décision importante. Organisez minutieusement vos visites chez l'éleveur. À chaque fois, commencez par observer les chatons à distance. Vous serez bien sûr tenté d'aller les caresser et de jouer avec eux. Contrôlez cependant vos impulsions. Suivez scrupuleusement ces conseils. Ils vous permettront de sélectionner l'animal qui conviendra le mieux à votre famille.

1 Allez voir une dernière fois les petits de la portée quand ils auront de 6 à 8 semaines. Peut-être le chaton que vous avez choisi sera-t-il suffisamment âgé (8 semaines) pour que vous l'adoptiez ce jour-là. Si c'est le cas, faites en sorte de pouvoir rester chez vous pendant les 2 jours qui suivent, afin de vous occuper de lui ; la fin de la semaine est donc idéale. Tout doit être prêt à la maison pour son arrivée. N'oubliez pas le panier de transport (voir page 52). Prévoyez une consultation vétérinaire en fin de journée (voir pages 70 et 71).

Il est souhaitable que toute la famille aille chercher le chaton. Cependant, les enfants doivent comprendre l'importance du choix qui vous incombe. Expliquez-leur comment ils doivent se comporter. Faites-leur clairement comprendre que la décision finale vous appartient.

2 À votre arrivée, regardez la portée durant quelques minutes ; observez la façon dont les chatons jouent entre eux et dont ils se comportent avec leur mère et avec l'éleveur. Essayez de vous forger une opinion sur le tempérament de chacun d'entre eux. Vous constaterez que certains sont plus calmes que d'autres, ou timides, ou encore très sûrs d'eux. Demandez son avis à l'éleveur qui les a vus tous les jours depuis leur naissance.

3 Demandez à approcher les chatons du sexe que vous préférez. Leur mère, qui se sera habituée à votre présence lors des précédentes visites, pourra être éloignée sans grande difficulté avec le reste de la portée. Asseyez-vous par terre au milieu des petits chats. Ne cherchez pas immédiatement à entrer en contact avec eux. Laissez-les d'abord venir à vous. Ne les invitez à jouer que lorsqu'ils seront

Lors de votre première visite dans un élevage ou auprès d'une portée, passez du temps avec la mère chatte. Si elle ne correspond pas à l'image du chaton que vous souhaitez, renoncez.

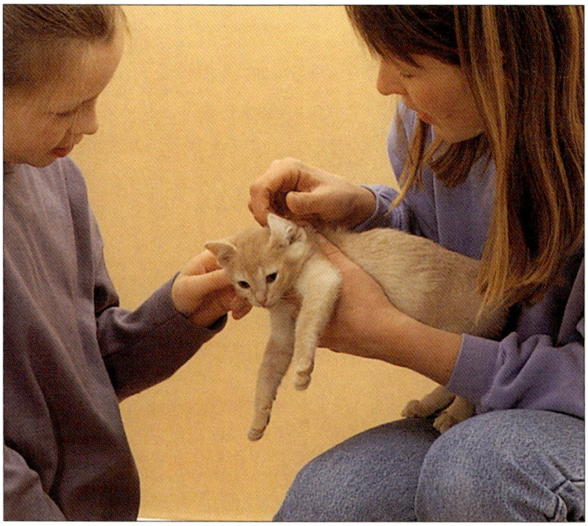

Vérifiez rapidement l'état de santé du chaton que vous préférez (voir pages 106 et 107). Vous pourrez aussi juger de ses réactions lorsqu'il est manipulé.

LE CHATON D'UNE PORTÉE

- Si la portée ne compte qu'un ou deux chatons du sexe que vous voulez et que vous n'êtes pas parfaitement satisfait de leurs qualités esthétiques ou de leur tempérament, dites-le.
- Rien ne vous oblige à l'adoption. Il vaut mieux, dans ce cas, attendre un chaton de la portée suivante ou d'une autre famille.
- Choisissez de préférence un chaton curieux, qui ne craint pas d'être pris et manipulé, notamment si vous êtes novice en la matière.
- Évitez celui qui manifesterait de l'agressivité envers ses frères et sœurs, sa mère, l'éleveur ou vous-même.
- Si vous avez décidé d'adopter deux chatons, il est préférable qu'ils s'entendent bien (voir pages 46 et 47).

habitués à votre présence. Observez-les ensuite individuellement. Essayez de vous faire une opinion sur leur état de santé (voir pages 106 et 107). Au moindre doute, interrogez l'éleveur.

4 La décision ultime ne sera pas facile à prendre. Vous aurez sans doute envie de partir avec tous ces chatons adorables. Cependant, ne changez pas d'avis au dernier moment. Gardez vos résolutions sur le nombre et le sexe des chatons que vous allez adopter (voir pages 46 et 47). Une fois votre choix fait, prévenez l'éleveur, en précisant que vous prenez l'animal sous réserve de l'approbation de votre vétérinaire.

En quittant l'élevage, assurez-vous que vous n'avez oublié aucun des éléments suivants :

- L'attestation de vente, contrat sommaire qui peut être manuscrit. Il mentionne votre nom et votre adresse, ceux du vendeur, la description du chaton (race – certifiée ou non –, sexe, date de naissance) et éventuellement son numéro d'immatriculation.
- La carte d'immatriculation de votre chaton, portant son numéro de tatouage (voir page 99).
- Le pedigree (le cas échéant).
- Le carnet de santé établi par le vétérinaire, précisant le résultat des tests FeLV et FIV (voir pages 119 et 120), les vaccins et les traitements éventuels. Les vermifugations y auront été inscrites par l'éleveur.
- Des notes sur l'alimentation qu'a reçue la portée (composition, fréquence et abondance des repas). Emportez un peu de la nourriture qu'elle mangeait afin d'assurer une transition en douceur avec l'aliment que vous aurez choisi (voir page 63).
- Un morceau du tissu de sa couche, afin qu'il puisse retrouver un objet familier dans sa nouvelle maison.

Un chaton de refuge

Avant d'adopter un chaton dans un refuge, demandez son avis à une personne compétente. Il vous sera notamment très utile si vous ne connaissez pas la mère et que vous manquez d'expérience (voir ci-dessous).

Un chaton plus âgé

Si un chaton plus âgé vous intéresse, passez vraiment du temps avec lui. Essayez de voir comment il réagit face à vous. Un animal qui a eu peu de contacts avec les humains se montrera craintif, peut-être anxieux, voire agressif si vous cherchez à l'approcher. Si vous n'arrivez pas à vous faire une opinion, demandez à un vétérinaire de l'examiner.

LE RECOURS DE L'ACHETEUR

Le législateur a prévu les vices cachés au moment de la vente. L'article 285-1 du Code rural précise les maladies concernées et les délais de déclaration : pour la leucopénie infectieuse féline : 5 jours ; pour la péritonite infectieuse féline : 21 jours ; pour l'infection par le virus leucémogène félin : 15 jours. Le diagnostic de suspicion doit être établi par un vétérinaire et déposé auprès du greffe du tribunal d'instance le plus proche.

Votre chaton chez vous

Vous avez tout préparé à l'avance ; le moment est venu d'accueillir votre chaton et de vous faire plaisir. Cependant, il vous reste encore bien des tâches à accomplir : l'installer dans son nouvel environnement ; lui apprendre à respecter les règles de votre foyer ; le présenter aux autres occupants de la maison.

Le premier voyage de votre chaton

Quelle excitation, le jour où vous irez chercher votre chaton ! Mais quel stress aussi, peut-être, pour toute la famille ! De retour chez vous, rappelez-vous que votre foyer et tous ses occupants, qu'ils aient deux ou quatre pattes, sont totalement étrangers pour le nouvel arrivant. Ne le bousculez surtout pas. Il est très important qu'il puisse explorer tranquillement son nouvel univers, à son propre rythme.

Vous transporterez votre chaton dans un panier ou une caisse bien adaptés. Toutefois, un conteneur pliable en plastique ondulé ou un carton solide feront l'affaire.

Le transport jusqu'à la maison

Vous ferez voyager votre chaton dans une caisse ou un panier confortables et surtout solides, garnis d'un morceau de tapis en fibres synthétiques (voir page 52). Disposez-y un journal au cas où votre chaton urinerait.

L'emplacement du panier

Si vous vous déplacez en voiture, le panier doit être stable. Calez-le bien au sol : votre chaton sera ainsi protégé en cas de coup de frein. Si vous avez un break, mettez-le éventuellement à l'arrière ; assurez-vous, toutefois, qu'il ne puisse pas glisser.

Une conduite en douceur

Rappelez-vous qu'il s'agit très certainement du premier déplacement de votre chaton. Conduisez doucement. Si votre animal semble anxieux durant le voyage, couvrez son panier avec une serviette. N'essayez pas de le libérer pour le caresser : il ne serait pas rassuré pour autant, mais risquerait de s'échapper. Un chaton – ou un chat adulte – laissé en liberté dans une voiture présente de grands risques potentiels pour la sécurité.

CHEZ LE VÉTÉRINAIRE

Si votre chaton n'est pas vacciné, gardez-le dans votre voiture jusqu'à l'heure du rendez-vous. Vous ignorez en effet si des animaux malades ont fréquenté la salle d'attente ce jour-là. Celle-ci est bien sûr désinfectée, mais la prudence s'impose. Une fois que vous serez rentré dans l'espace d'accueil, asseyez-vous loin des autres chats et gardez le panier sur vos genoux.

Votre vétérinaire va faire un examen complet de votre animal. Il s'assure qu'il est en bonne santé et qu'il ne souffre d'aucun trouble évident du développement. En cas de problème, il vous aidera à prendre une décision (voir encadré page 69).

Puis il le pèse et note son poids. Il examine les différents papiers que l'éleveur vous a remis, et prend connaissance des traitements que votre chaton a subis. Ensuite, selon l'âge de celui-ci, il lui injecte les vaccins nécessaires (voir pages 120 et 121) et peut aussi décider de le vermifuger (voir pages 114 à 116). Il vous renseignera sur les modalités d'identification de votre chaton (immatriculation par tatouage ou, bientôt peut-être, par puce électronique (voir page 99).

Les toutes dernières questions

Exprimez maintenant vos ultimes interrogations, s'il vous en reste. Votre vétérinaire ou son assistant étudiera volontiers avec vous tous les points qui demeurent obscurs. Avant de quitter le cabinet, assurez-vous que vous savez répondre aux trois questions suivantes : quand et comment vermifuger votre chaton (voir pages 114 à 116) ? Quand faire pratiquer les prochaines vaccinations ? Quand effectuer un nouveau bilan de croissance ?

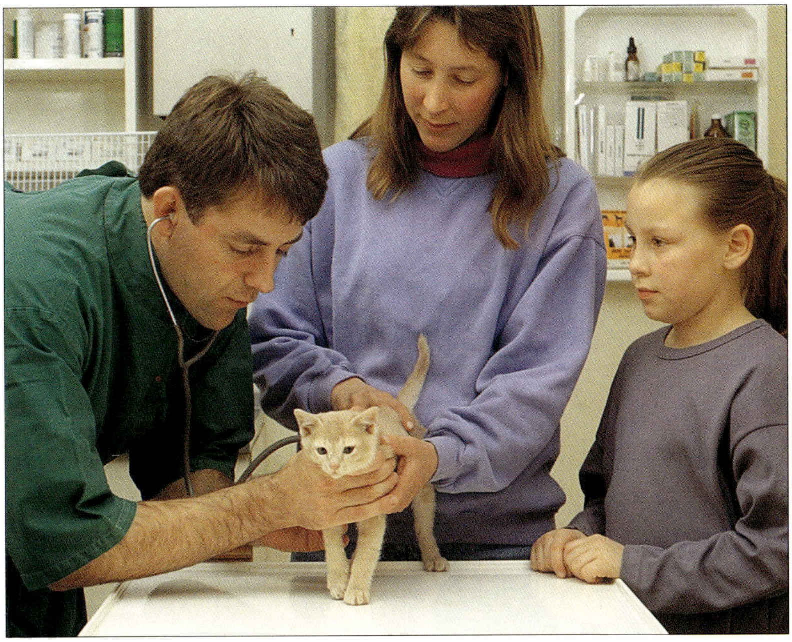

Lors de la première consultation, le vétérinaire examinera votre chaton avec attention. Il s'assurera qu'il est en bonne santé et qu'il ne présente aucune anomalie anatomique ni aucun trouble évident.

LA MANIPULATION

Chaque fois que vous entrerez en contact avec votre chaton, montrez-lui l'endroit où vous êtes et ce que vous faites. Imaginez ce qu'il éprouverait si vous le saisissiez brusquement par derrière. Baissez-vous à son niveau : il sera moins intimidé.

Pour le soulever, placez une main en coupe sous son thorax, l'autre sous son arrière-train (s'il s'agite, placez plutôt vos deux mains sur les côtés). Amenez-le contre vous. Tenez-le fermement, sans trop le serrer. Lorsque vous le lâchez, déposez-le doucement sur le sol. Ne le laissez pas sauter spontanément.

Un animal plus grand sera pris différemment. Entourez ses flancs avec vos deux mains (sauf si les vôtres sont particulièrement grandes), puis ramenez son arrière-train sous votre bras (si vous n'utilisez qu'une seule main, il risque de bondir pour s'échapper dès qu'il se sentira soulevé).

Ne laissez pas votre chaton sortir, même dans vos bras, à moins qu'il n'ait l'habitude d'aller dehors. Au moindre affolement, il risque de s'élancer et de disparaître.

LA FIXATION DU COLLIER

Si vous avez décidé de munir votre chaton d'un collier d'identité (voir page 98 et 99), mettez-le le plus tôt possible. Placez-le autour du cou de votre animal et fixez-le assez lâchement : vous devez pouvoir passer facilement deux doigts dessous, sans tirer.

Dans un premier temps, votre petit compagnon n'appréciera guère le contact de cet objet étranger. Il tentera de l'ôter avec ses griffes. Bientôt cependant, il sera bien trop occupé à d'autres activités pour s'en soucier davantage.

LA PAROLE

Commencez à parler à votre chaton dès que vous serez allé le chercher. Il doit s'habituer à votre voix normale ; ne vous exprimez donc pas avec un langage de bébé. Chaque fois que vous lui direz quelques mots, prononçez son nom. Il le reconnaîtra rapidement, et il réagira ensuite facilement à vos appels (voir page 78).

L'installation

Dès que vous êtes arrivé à la maison, achevez les derniers préparatifs dans la pièce réservée à votre chaton. Tapissez son bac avec la litière qu'il connaît. Remplissez son écuelle avec l'aliment auquel il est habitué. Placez à côté le morceau de tissu provenant de son ancienne couche. Les odeurs familières l'aideront à se sentir chez lui.

Lorsque votre chaton se sentira à l'aise dans son nouvel environnement, chaque membre de la famille devra le manipuler fréquemment. Tous gagneront ainsi sa confiance.

Assurez-vous que toutes les portes et fenêtres sont bien closes, puis introduisez votre chaton dans la pièce. Reculez-vous et laissez le jeune animal partir à l'aventure à son propre rythme. Parlez-lui, mais ne cherchez pas à le porter où à le tenir. Lorsque, à votre plus grande satisfaction, il aura découvert son écuelle, son bac à litière et le vieux morceau de tissu familier, quittez la pièce. Mais venez régulièrement l'observer, en vous efforçant de le déranger le moins possible.

Les présentations

Même si, dans votre foyer, chacun a souhaité sa venue, votre jeune compagnon n'a sans doute pas encore eu l'occasion de rencontrer les personnes qui y vivent. Au moment des présentations, évitez de vous entasser tous ensemble dans la pièce. Allez faire à tour de rôle connaissance avec le chaton. Votre pensionnaire ne doit notamment pas être victime de câlins intempestifs.

Les petits travaux domestiques – tels que le nettoyage du bac à litière ou le remplissage de l'écuelle – se feront calmement. Chacun laissera des vêtements qu'il a portés auprès du chaton. En les reniflant, le nouvel arrivant apprendra à reconnaître l'odeur personnelle de tous les membres de la famille.

Votre chaton et vos enfants

Il est essentiel que votre jeune animal ait rapidement confiance en vos enfants. Ceux-ci doivent rester tranquilles en sa présence ; surveillez de près les plus jeunes, qui se montreront sans doute très excités. Il faut qu'ils comprennent qu'un chaton n'est pas aussi démonstratif qu'un chiot. Jamais il ne les accueillera en bondissant autour d'eux. Dès que possible, encouragez les plus grands à manipuler le chaton et à participer à ses soins. Les plus jeunes, eux, gagneront la confiance de leur nouveau compagnon en le nourrissant. Ils rempliront son écuelle au moment des repas. Ils lui donneront aussi de toutes petites quantités de son aliment habituel.

À la découverte de la maison

Dès que votre chaton est habitué à sa pièce, laissez-le explorer minutieusement tous les lieux autorisés de la maison, avant même de le présenter aux autres animaux qui vivent avec

Vous devez surveiller étroitement la première rencontre entre votre chaton et vos autres animaux familiers. Veillez ensuite à ce qu'aucun d'entre eux ne semble mal à l'aise.

vous, si tel est le cas. Ne lui faites découvrir qu'un lieu à la fois. Laissez-lui la possibilité de se réfugier à la moindre alerte dans sa pièce familière.

La rencontre avec votre chat

Si vous avez déjà un chat adulte, et après vous être assuré que ses vaccinations sont à jour, présentez-lui très progressivement votre nouveau pensionnaire. Échangez deux petits morceaux du tissu de leurs couches respectives, afin qu'ils s'habituent durant quelques jours à leur odeur mutuelle.

La rencontre aura toujours lieu sur un terrain familier à chacun des deux. Prévoyez une position de repli pour votre chaton. Un carton retourné percé d'une étroite ouverture fera l'affaire, si toutefois vous avez constaté qu'il sait s'y engouffrer.

Il vaut mieux être deux pour surveiller cette première entrevue. Laissez les chats faire connaissance tout seuls. Si l'un ou l'autre se montre menaçant, séparez-les en les effrayant avec un balai ou en leur jetant une serviette. S'ils essaient de se battre, ne renouvelez pas l'expérience. Prenez l'avis de votre vétérinaire ou d'un expert en comportement animal.

Il vous sera plus facile de surveiller cette entrevue si vous disposez d'informations préalables. S'ils se trouvent en terrain familier, deux chats qui ne se connaissent pas encore oublient complètement leur environnement ; ils ne s'intéressent chacun qu'au nouveau venu. Le premier contact se fera probablement nez à nez. Votre chaton se montrera peut être effrayé ou intimidé, en fonction de sa personnalité. Selon les cas, il fera le gros dos, hérissera le poil par bravade ou même soufflera (voir pages 38 à 40).

Il est possible que, de son côté, le chat adulte ignore le plus jeune ; mais il peut aussi chercher à le renifler sous le cou et les flancs jusqu'à la région anale. Si tout se passe bien, ils se s'intéresseront bientôt plus l'un à l'autre. Après ce premier contact, séparez-les. Ménagez-leur une deuxième entrevue, à un autre moment et dans un lieu différent. Mais ne les laissez pas seuls sans surveillance avant d'être certain qu'ils ne s'étriperont pas dès que vous aurez le dos tourné.

La rencontre avec votre chien

Un chien peut laisser de sérieuses séquelles, physiques ou psychologiques, à votre chaton, alors qu'il n'avait pour seule intention que de jouer avec lui. Le chaton, lui, malgré sa petite taille, a des griffes susceptibles de laisser de vilaines blessures sur le museau de votre compagnon. Faites sentir à chacun l'odeur de l'autre avant la première rencontre. Au cours de celle-ci, vous laisserez le nouvel arrivant à l'abri dans son panier, et vous tiendrez l'autre en laisse. Si votre petit animal a cohabité avec des chiens depuis sa naissance, il ne manifestera sans doute aucune peur. Il en sera de même pour votre chien s'il a l'habitude des chats ; certains individus, cependant, sont très excités à la vue d'un chaton. Ne les mettez donc en contact physique que lorsqu'ils sembleront apprécier d'être ensemble. Sortez alors le chaton et laissez-le examiner votre chien, toujours tenu en laisse (car il risquerait de donner la chasse au jeune chat si celui-ci faisait un mouvement trop brusque). Même lorsque vous pourrez les laisser seuls en toute confiance, prévoyez là encore une position de repli pour votre chaton.

TOUT PROBLÈME A UNE SOLUTION

Sachez bien qu'il n'existe pas de méthode universelle et radicale pour habituer un chaton à sa nouvelle demeure. Si vous avez du mal à réussir son acclimatation, si les relations avec certains des membres de votre famille ou avec vos autres animaux de compagnie restent tendues, ne poursuivez pas un combat solitaire. Demandez à votre vétérinaire ou à un spécialiste du comportement animal de vous conseiller sur l'attitude à adopter.

Les besoins naturels

Les chats domestiques sont des animaux très propres. À l'âge de quelques semaines seulement, le chaton est capable de maîtriser sa vessie et son sphincter anal. Il quitte alors sa couche, pour aller uriner et déféquer ailleurs. Dans la nature, ce comportement préserve les petits des maladies et de parasites (voir pages 114 à 116). Il permet aussi de maintenir de bonnes conditions d'hygiène dans le nid.

Le comportement de propreté

Le système digestif d'un chaton produit constamment des déchets. Plusieurs fois par jour, des influx nerveux parviennent à son cerveau. Ce centre de commande déclenche aussitôt un ensemble de comportements instinctifs qui vont permettre à l'animal de se soulager. Il va alors chercher un endroit approprié pour faire ses besoins ; il adoptera la meilleure position et évacuera ses déchets. Quel endroit choisira-t-il ?

Lorsqu'ils quittent pour la première fois leur couche, les chatons domestiques ont une alternative : se soulager à même le sol ou dans le matériau meuble d'une litière prévue à cet effet (voir pages 76 et 77).

La mère chatte veille à l'hygiène de ses nouveau-nés. En leur léchant la région ano-génitale, elle stimule les réflexes de miction et de défécation. Elle avale ensuite les déchets.

La plupart d'entre eux choisissent la seconde solution, probablement parce qu'ils peuvent ensuite enterrer leurs déjections.

Bien que les chats négligent souvent de recouvrir leurs urines et leurs selles en dehors de leur territoire, ils sont très nombreux à les enfouir lorsqu'ils se soulagent aux abords du nid. En faisant leurs propres expériences et en observant la façon dont leur mère se comporte dans ces circonstances, les chatons grandissent dans un environnement propice à l'utilisation d'un bac à litière (voir pages 30 et 31).

Sachez toutefois que leurs « oublis » constituent l'un des problèmes comportementaux le plus souvent soumis à l'avis des spécialistes. Le choix et l'utilisation des objets et des produits sanitaires ne sont donc pas sans importance.

LES BACS À LITIÈRE

Les bacs à litière sont de simples récipients où l'on dispose la litière, et qui évitent qu'elle ne se répande.

Les différents types de bacs

Les plus simples d'entre eux sont en plastique, sans couvercle. Assurez-vous que votre chaton pourra y grimper sans difficulté. Les meilleurs sont conçus pour être tapissés de feuilles de plastique afin d'éliminer la litière souillée (voir page 77). Si votre chaton a besoin d'intimité, il appréciera un bac à couvercle. Vous en trouverez dans le commerce, mais vous pouvez le fabriquer vous-même en utilisant un carton retourné percé d'une ouverture sur l'un de ses côtés.

Le nombre de bacs

Votre chaton se montrera exigeant sur l'endroit où vous installerez son bac à litière. Quand il fait ses besoins, il se sent en effet extrêmement vulnérable et se sera souvent réticent s'il doit se soulager dans un endroit trop passant. Étant donné que vous n'êtes pas un chat, il vous sera difficile de choisir à sa place. Pour lui laisser le temps de se décider, mettez à sa disposition plusieurs bacs posés ici et là.

Dans un premier temps, vous en achèterez au moins deux. Cependant, dès que votre nouveau compagnon s'aventurera dans toute la maison, il vous en faudra davantage. En les achetant tous dès le début, il vous sera plus facile de déterminer les emplacements qu'il préfère et de tester différents types de litière (voir page 76). Dès que vous connaîtrez les préférences de votre chaton, réduisez le nombre de bacs.

L'emplacement des bacs à litière

Les choix d'emplacement que vous ferez seront dictés par certaines observations du comportement félin.

- Les chats refusent souvent d'utiliser les bacs à litière placés trop près du lieu de leurs repas. N'en mettez donc aucun près de l'écuelle ou du bol à eau.
- N'installez jamais les bacs dans des endroits trop fréquentés, notamment à proximité des portes ou dans les principaux lieux de passage.
- Évitez les lieux qui interdisent toute intimité.
- Éloignez les bacs des lieux de repos favoris de votre chaton, en particulier de sa couche : vous risqueriez de le retrouver paisiblement endormi sur sa litière.

Il existe deux grandes catégories de bacs à litière. Les plus simples sont ouverts (ci-dessous). Les chatons, et ils sont nombreux, qui préfèrent se soulager à l'abri des regards apprécieront un bac couvert (à droite).

• Méfiez-vous des coins qui paraissent au premier abord tranquilles et bien protégés (derrière une porte par exemple), mais où votre chaton risque d'être dérangé de façon impromptue.
• Pensez que tous les bacs à litière doivent être accessibles 24 heures sur 24.
• Procurez à votre compagnon un bac couvert (voir page 75) si aucun endroit ne vous paraît assez calme. Mais certains chatons n'apprécient pas d'être enfermés. Dans ce cas, fabriquez un bac sur mesure en l'équipant sur trois côtés de panneaux de carton assez hauts, sans toit.

LA LITIÈRE

Vous n'aurez que l'embarras du choix, depuis les produits vendus dans le commerce jusqu'aux matériaux naturels tels que le sable et la terre. Le jour où vous ramènerez votre chaton à la maison, offrez-lui la litière à laquelle il est habitué. Il n'aura ainsi à faire face qu'à une seule nouveauté, l'emplacement de son bac.

Une fois qu'il aura manifesté ses préférences, proposez-lui différentes litières dans des bacs adjacents. La plupart des propriétaires de chats optent pour celles que l'on trouve dans le commerce ; elles représentent d'ailleurs un marché considérable. Les plus anciennes, et les plus traditionnelles, sont à base d'argile. Aujourd'hui, elles se composent souvent de matériaux tels que le papier recyclé et même la sciure de bois. Si vous souhaitez des renseignements sur un produit particulier, adressez-vous au service consommateurs du fabricant.

Quelques conseils

Les suggestions qui suivent vous permettront de bien choisir une litière. Certains critères ont été retenus par des experts en comportement animal, soucieux de résoudre des problèmes spécifiques (notamment celui des animaux qui refusent d'utiliser leur bac).
• Les litières qui se composent de matériaux granuleux rebutent de nombreux chatons. Laissez le vôtre choisir, sans les lui imposer.

litière fine
en argile naturelle

litière en granulés,
à base de bois

litière traditionnelle
à base d'argile

• Celles qui comportent de la chlorophylle sont connues pour repousser certains chats.
• D'autres risquent de tacher les pelages blancs.
• D'autres encore, en particulier celles qui sont à base de bois, peuvent s'accrocher aux fourrures à poil long.
• Certaines sont beaucoup plus chères que d'autres.
• Les litières présentées en boîtes ou en sacs imperméables se conservent bien ; leur conditionnement les rend d'un emploi facile.
• Certains matériaux ont été mis au point pour minimiser les odeurs et garder la litière fraîche. Sachez cependant que seuls les bacs sales sentent mauvais et que certains chats n'apprécient guère les effluves de déodorant, qui se révèlent à la moindre humidité.
• La plupart des litières forment des agglomérats à l'endroit où ont été déposées les urines, mais dans ce domaine, certaines paraissent plus efficaces que d'autres. Elles sont plus économiques si les tas obtenus sont bien compacts, le matériau souillé pouvant alors être facilement retiré. Il n'est donc pas nécessaire de les renouveler entièrement à chaque fois.

L'élimination de la litière

Si vous trouvez trop fastidieux de brûler la litière sale de votre chaton (ou que vous n'en avez pas la possibilité), interrogez le département santé-environnement de la DDASS (Direction départementale de l'action sanitaire et sociale) ; il vous indiquera le processus à suivre. Pour des raisons d'hygiène et de santé, ne les enterrez jamais dans votre jardin et ne les déversez pas dans les égouts. Enfilez toujours des gants en caoutchouc avant de les manipuler.

Une femme enceinte doit toujours demander à quelqu'un de le faire à sa place, pour éviter tout risque de toxoplasmose, une affection qui laisserait de graves séquelles à son enfant.

Après avoir enfilé des gants en caoutchouc, ôtez du bac les agglomérats de litière souillée. Servez-vous d'une pelle réservée à cet usage. Désinfectez-la après chaque utilisation.

Le nettoyage des bacs à litière

Si vous lavez trop soigneusement les bacs de votre chaton, celui-ci risque d'arrêter de les utiliser. Car c'est l'odeur de ses urines et de ses selles qui l'incite à revenir au même endroit. En revanche, si vous ne le faites pas assez souvent, il peut aussi être rebuté par une litière souillée. La fréquence de nettoyage des bacs dépendra donc de leur fréquentation, et aussi du type de litière utilisé. Mais dans tous les cas, videz et nettoyez complètement chaque bac une fois par semaine, avec de l'eau bouillante et un désinfectant à usage vétérinaire. Rincez-le soigneusement pour éliminer toute odeur de produit chimique. Entre deux nettoyages complets, ôtez régulièrement, à l'aide d'une pelle spéciale, les agglomérats de litière souillée.

VOTRE RÉACTION FACE AUX « OUBLIS »

Même si vous surprenez votre chaton en flagrant délit, il ne servira à rien de le punir. Portez-le simplement jusqu'à son bac à litière, puis allez enlever ses déjections.

L'odeur des urines et des selles agit en effet comme un signal naturel et risque d'inciter votre animal à revenir se soulager au même endroit. C'est la raison pour laquelle ce nettoyage doit être fait très soigneusement. D'autant plus que son odorat est beaucoup plus subtil que le vôtre. Votre chaton ne doit jamais sentir la présence de ses déchets ailleurs que dans ses bacs à litière.

Commencez par enlever ses selles, puis frottez avec un désinfectant à usage vétérinaire. Rincez et utilisez ensuite un produit nettoyant spécialement conçu pour éliminer les odeurs. Si vous êtes très pressé, lessivez avec de l'eau chaude additionnée de détergent, puis passez un chiffon imbibé d'alcool à 90°. Évitez surtout l'eau de Javel et les produits ammoniaqués qui incitent les chats à resalir le même endroit.

Une fois par semaine au moins, nettoyez les bacs de votre chaton. Ce sera plus facile si vous en avez tapissé le fond avec du plastique, qui garantit une plus grande hygiène.

LES BESOINS NATURELS À L'EXTÉRIEUR

Dès que votre chaton aura reçu toutes ses vaccinations (voir pages 120 et 121), vous lui permettrez peut-être de sortir plus ou moins longtemps. Il prendra alors l'habitude de faire ses besoins dehors et utilisera les bacs à litière de la maison uniquement quand il ne pourra pas faire autrement. Si vous avez un jardin, il vaut mieux que vous ne laissiez plus qu'un seul bac à l'intérieur. Vous le rapprocherez progressivement de la chatière jusqu'au moment où vous le placerez à l'extérieur. Finalement, vous l'installerez dans un coin du jardin qui semblera convenir à votre chaton. Cependant, un tel scénario s'avérera souvent utopique. Votre petit compagnon ira peut-être se soulager n'importe où dans votre espace vert, voire au-delà.

Le respect des autres

Les déjections de chats domestiques dans l'environnement deviennent maintenant un problème de santé publique. Il est cependant impossible d'éduquer les chats dans ce domaine. Certains préconisent donc que leurs maîtres les obligent à utiliser des bacs à litière, même lorsqu'ils peuvent sortir. Bien qu'il soit important de respecter la liberté de votre animal, pensez à ceux qui sont moins tolérants que vous : ils ont le droit de se plaindre.

Les bases de l'éducation

En dépit d'idées reçues bien ancrées, il est tout à fait possible de dresser les chats. Comme les chiens, ils se montrent très attentifs à tout enseignement qui s'accompagne d'une gratification. Et si tant de maîtres échouent dans ce domaine, c'est qu'ils n'ont pas trouvé les bonnes récompenses. En outre, ils ne savent pas toujours quel enseignement lui donner, alors qu'il peut apprendre beaucoup de choses ; mais imagineriez-vous de le dresser à rapporter des chaussons ou à faire le beau, ce que les chiens font très bien ?

Le but du dressage

Vous souhaitez que votre chaton réponde immédiatement à votre appel ? Vous espérez le dissuader d'ouvrir les placards ou de sauter sur les tables envahies de papiers ? Si vous voulez réussir votre éducation, vous devez comprendre les mécanismes de l'apprentissage chez les félins.

Les principes de l'apprentissage

Vous désirez entraîner votre chaton à répéter certaines actions ? Si vous le récompensez immédiatement lorsqu'il adopte un certain comportement, en réponse à une situation ou un stimulus particuliers, il aura tendance naturellement à répéter le même comportement dans une situation identique. Imaginez ainsi qu'il pénètre dans la cuisine, saute sur le plan de travail et y découvre un appétissant morceau de thon. Il est fort probable qu'il recommencera la prochaine fois qu'il entrera dans cette pièce, en espérant retrouver la même délicieuse nourriture. Les stimuli, ce sont la vue, les bruits et les odeurs de la cuisine ; le comportement, c'est le saut ; la récompense, c'est le thon.

L'imitation des comportements naturels

Votre chaton apprendra plus facilement si ce que vous lui demandez correspond à un comportement qu'il adopterait dans la nature. Ainsi, il saura facilement ouvrir sans votre aide les portes, en arrondissant en cuillère l'une de ses pattes avant. C'est en fait une posture qu'il adopte spontanément quand il joue (voir page 83). En revanche, vous ne parviendrez sans doute jamais à lui faire ouvrir une porte avec sa gueule.

Si vous avez un autre chat, vous découvrirez rapidement que votre petit compagnon est aussi capable d'apprendre par imitation. Ainsi, s'il voit son aîné passer par la chatière, il est très probable qu'il la franchira lui-même aussitôt.

La réponse à l'appel du maître

Ces exemples prouvent que votre chaton apprendra à faire bien des choses s'il y trouve un avantage, même lorsque vous ne serez pas là. Vous voudrez certainement lui enseigner à répondre à votre appel. Pour que la leçon soit bien retenue, faites en sorte que le stimulus (le son de votre voix), son comportement (son déplacement vers vous) et la récompense (un petit morceau d'un aliment qu'il aime) arrivent au bon moment et aient un lien entre eux.

Ne tentez pas de le mettre en laisse et de le tirer en lui ordonnant de vous suivre : vous n'arriveriez à rien. Il est beaucoup plus efficace (et moins traumatisant) d'attendre qu'il vienne de lui-même. Même lorsqu'il s'est beaucoup rapproché, continuez à lui répéter « viens ! » et, lorsqu'il arrive enfin, récompensez-le immédiatement. Plus tard, vous pourrez adapter cet exercice simple à des apprentissages plus complexes, par exemple quand vous voudrez lui montrer comment utiliser la chatière (voir pages 86 et 87).

Les autres apprentissages

Avec beaucoup de patience et en appliquant les mêmes principes, vous parviendrez à inculquer toutes sortes de choses à votre chaton. Les exercices d'un enseignement bien conduit contribuent à stimuler son cerveau. Ainsi, s'il vit à l'intérieur, il tirera le plus grand bénéfice de tours très simples, comme rapporter un jouet.

DES RÉCOMPENSES APPRÉCIÉES

Pour récompenser efficacement votre chaton, vous lui offrirez quelque chose qu'il désire de façon évidente ou qu'il est prêt à obtenir au prix d'un certain effort. Ces cadeaux varieront d'ailleurs en fonction des circonstances. En voici quelques exemples.

- De petits morceaux d'un aliment qu'il apprécie particulièrement (s'il est différent de celui auquel il est habitué, veillez à ne pas lui en donner trop pour ne pas perturber son équilibre alimentaire).
- L'autorisation d'examiner un objet encore inconnu.
- Votre attention.
- L'occasion de jouer (voir pages 83 à 85).
- L'accès à un lieu de repos confortable.

Le moment de la récompense

Il faut absolument donner sa récompense au chaton à l'instant même où il adopte le comportement que vous espériez. Si vous tardiez, ne serait-ce que d'une seconde, le résultat serait nettement moindre. Au début du dressage, vous devrez lui offrir un petit cadeau à chaque fois qu'il agira correctement. Plus tard, une récompense de temps à autre suffira.

Les punitions

Si votre chaton adopte le comportement que vous souhaitez en espérant une récompense, pourquoi n'associerait-il pas de la même façon punition et acte inacceptable qu'il ne faut pas répéter ? En fait, les choses se passent très différemment. Car pour lui, le contraire de la gratification, c'est l'absence de cadeau. S'il fait par exemple ses griffes sur votre nouveau canapé, vous pouvez toujours le gronder de la voix ou de la main. Votre réaction le surprendra et l'arrêtera sur le moment, mais elle ne l'empêchera pas de recommencer dès que vous ne serez plus là.

Cependant, en maintes occasions – par exemple lorsqu'il saute sur un meuble ou qu'il ouvre un placard interdit –, il faudra bien que vous interveniez d'une manière ou d'une autre. Rappelez-vous alors les principes suivants.

Lorsque votre chaton se laisse aller à un comportement inacceptable, le tintamarre de ces disques sonores l'arrêtera aussitôt. Ne vous en servez cependant qu'en cas d'asolue nécessité.

• Le niveau d'intervention doit être parfaitement adapté à la situation. Un « non » ferme le dissuadera peut-être de détériorer le canapé, mais s'avérera totalement inefficace face à un autre comportement.
• Comme pour les récompenses, l'efficacité de votre réaction dépend de sa rapidité.
• Les meilleures interventions sont souvent les plus douces, celles qui feront simplement sursauter votre chaton ou le surprendront. Un sifflement, par exemple, détournera dans la plupart des cas son attention.
• Essayez toujours de mettre un terme aux bêtises de votre animal par des moyens qu'il puisse croire « venus du ciel », sans imaginer un instant que vous en êtes la cause. Vous avez le choix entre l'asperger de dos, à l'aide d'un vaporisateur pour plantes, et lancer près de lui, sans l'atteindre, un jeu de disques métalliques sonores. Mais faites preuve d'ingéniosité pour qu'il ne finisse pas par comprendre votre manège !

Lorsque vous utilisez un vaporisateur pour distraire votre chaton de ce qu'il fait, tenez-vous le plus loin possible pour qu'il ne puisse pas associer la douche qu'il reçoit à votre présence.

Le mode de vie de votre chaton

Livrés à eux-mêmes, les chats décident seuls de leurs activités ainsi que du lieu et du moment où ils les entreprennent. Cependant, ils parviennent à s'adapter assez facilement aux différents environnements et modes de vie que nous leur imposons. Mais cette souplesse de caractère ne doit pas être considérée comme une évidence.

La vie telle qu'elle est

La qualité de vie de votre chaton sera beaucoup plus importante pour lui que sa durée. Il n'aura bien sûr aucune inquiétude quant à l'avenir. Comme tous les membres de son espèce, il appréciera le moment présent, et vivra sa vie au jour le jour. Au cours des prochaines semaines, des prochains mois, il va acquérir le statut de membre très aimé de la famille. Il évoluera, physiquement et psychiquement, et deviendra adulte. Il devra apprendre à vivre avec les hommes tout en jouissant du plaisir d'être là.

Le chat sauvage d'Afrique doit s'adapter à des conditions sans cesse changeantes, et sa vie est sans doute beaucoup plus courte, mais aussi bien plus stimulante.

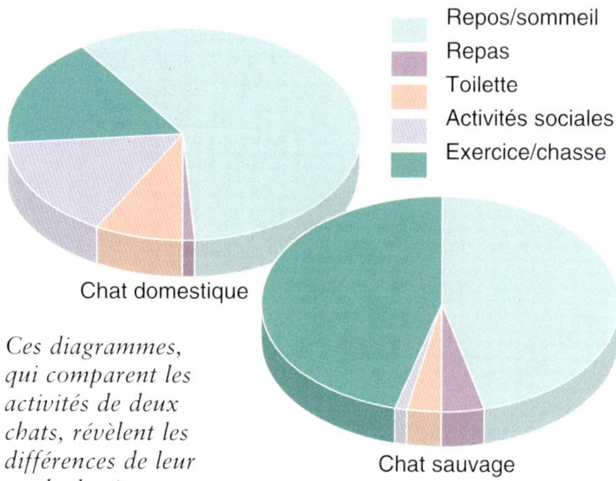

Ces diagrammes, qui comparent les activités de deux chats, révèlent les différences de leur mode de vie.

Les chats sauvages

Dans la nature, les descendants de l'ancêtre de votre chaton, le chat sauvage d'Afrique (voir pages 8 et 9), mènent une existence extrêmement aléatoire. Ils sont confrontés aux contraintes et aux stimulations du monde qui les entoure. Les brusques changements de température, la concurrence des autres animaux, les dangers inhérents à la chasse ne sont que quelques-unes des épreuves qu'ils doivent affronter. Ils ne les surmontent que parce que leur corps et leur cerveau sont bien adaptés à ce mode de vie.

Les chats domestiques

Ils mènent quant à eux une existence généralement sans aléas. Car, tout naturellement, nous éprouvons le besoin de protéger nos chatons à l'égal de bébés sans défense. Certains d'entre eux ont particulièrement besoin d'être dorlotés. Leur pelage ou leur morphologie se sont, avec la sélection, considérablement écartés des modèles indispensables pour survivre dans la nature. Et qui sait comment leurs relations avec les hommes ont influencé l'évolution de leur cerveau ?

Toutefois, même si vous possédez un chaton de race aussi prestigieux qu'un persan, ne croyez pas qu'il ait un constant besoin d'être attentivement surveillé ou gardé dans un étroit cocon, ni même qu'il le souhaite. Ce que vous pouvez faire de mieux pour votre animal, c'est de vous assurer que, tout au long de sa vie, il pourra faire de nouvelles expériences qui le stimuleront et élargiront son horizon.

La permission de sortie

Il existe des animaux de compagnie qui vivent attachés, ou en cage, ou encore en vivarium. Par comparaison, certains chatons et chats adultes qui ont la possibilité d'aller où bon leur semble jouissent d'une certaine liberté.

Pourtant, tous n'en profitent pas et restent la plupart du temps à l'intérieur, même si la chatière est constamment déverrouillée. D'autres au contraire apprécient de faire des expériences et de relever les défis du monde extérieur.

Le choix de la maison

Même si aucun impératif pratique ne vous y oblige, vous pouvez faire le choix personnel de restreindre la liberté de votre chaton, pour des raisons de santé ou de sécurité, par exemple. Peut-être ne l'autoriserez-vous à aller se promener qu'à certaines heures ou encore dans un espace restreint et bien clos (voir pages 88 et 89). Peut-être même le garderez-vous en permanence à l'intérieur de votre appartement ou de votre maison, parce que vous n'aurez pas la possibilité de le laisser sortir en toute tranquillité d'esprit.

Dans ce cas, il vous faudra impérativement imaginer en contrepartie pour votre chaton des activités d'intérieur : elles seront des expériences physiques et psychiques d'aussi bonne qualité que celles qu'il ferait au dehors.

Efforcez-vous de trouver des jeux qui stimuleront ses instincts de chasseur à l'affût. Il doit pouvoir grimper afin d'entretenir sa musculature. Une étude récente a permis une comparaison intéressante. Les chercheurs ont observé qu'une chatte stérilisée, bien nourrie et libre, occupait un territoire extérieur de 0,5 ha environ. Dans le même temps, on a découvert que le territoire d'une chatte vivant dans le bush australien avoisinait les 150 ha. À la lumière de ces chiffres, on comprend mieux la fréquente obésité des chats d'intérieur par rapport à leurs congénères vagabonds.

Plus vous saurez satisfaire les besoins physiques et psychiques de votre chaton, plus il jouira de la vie. Tout sera susceptible de stimuler sa curiosité et sa musculature.

VOTRE RÔLE DE MAÎTRE

Nourrir votre chaton correctement, lui procurer un endroit douillet pour dormir, le brosser, veiller sur sa santé... Tous ces soins concourent à lui assurer de vivre le plus longtemps possible. Cependant, si vous ne faites rien d'autre pour lui, sera-t-il heureux ?

Soyez prêt à rompre avec les habitudes. Osez être un maître différent. Offrez à votre petit compagnon une existence variée, drôle et bien remplie, qu'il soit libre ou enfermé. Faites des expériences, essayez les nouveautés. Aussi souvent que possible, et dans des situations appropriées, laissez-le prendre quelques initiatives. La plupart des propriétaires de chats pensent que le pire qui puisse arriver, c'est de voir disparaître trop tôt leur compagnon. Cela se produit parfois. Alors, laissez le vôtre jouir au maximum de sa vie. Même si elle doit être relativement courte.

Un environnement stimulant

Si vous ne laissez pas sortir votre chaton, assurez-vous surtout que son mode de vie lui réservera quand même quelques surprises. Variez les jeux que vous lui proposez et les jouets que vous lui offrez. Cependant, même si vous investissez dans un magnifique arbre à chats, vous constaterez peut-être qu'il s'en désintéresse complètement. Il aura tout pour faire de l'escalade, mais il refusera de grimper. Retournez à la case départ, et trouvez autre chose pour l'amuser.

Le chaton d'intérieur

Vous avez sans doute décidé depuis longtemps que vous garderiez votre chaton à la maison. Bien sûr, vous pourrez toujours changer d'avis. Cependant, si, après ses vaccinations (voir pages 120 et 121), vous l'avez sorti de temps en temps pour lui faire prendre l'air, il sera ensuite traumatisé d'être enfermé et vous aurez beaucoup de mal à le lui faire accepter. En revanche, s'il n'a eu aucune expérience de l'extérieur, il acceptera sans difficulté une liberté de mouvements réduite, puisqu'il n'aura jamais connu autre chose.

Quelques considérations importantes

Une telle décision ne se prend pas à la légère. Les points suivants vous permettront de mieux réfléchir.

• Un chat a besoin des stimulations physiques et psychiques offertes par le monde extérieur.

• Vous avez le devoir moral d'assurer à votre compagnon une existence aussi enrichissante que possible. La permission de sortie, même limitée, y contribue (voir pages 88 et 89).

• Considérez le type de chat que vous avez choisi. Pourra-t-il s'habituer à une vie d'intérieur ? Certes, la fourrure de certains chats à poil long, les persans par exemple, n'est guère adaptée au vagabondage dans les buissons. En revanche, les animaux téméraires, actifs et indépendants supporteront difficilement de rester enfermés (voir pages 44 à 46).

LA VIE À L'INTÉRIEUR

Même les chatons les plus âgés qui sont parfaitement libres de leurs mouvements doivent regagner la maison pour dormir, manger et jouer. S'ils sont bien éduqués, ils prendront même parfois l'habitude de revenir faire leurs besoins dans leur bac à litière.

Les chatons d'intérieur doivent eux aussi entretenir leur corps et leur cerveau. Cependant, vous ne pourrez pas définir un programme d'activités si vous n'avez aucune notion des besoins de votre animal.

Le sommeil

Les chats sont de gros dormeurs, et ils s'octroient volontiers de 8 à 12 heures quotidiennes de sommeil. En prenant de l'âge, ils sont même capables de somnoler seize heures par jour. Cela ne signifie pas pour autant qu'ils soient paresseux. Ils obéissent tout simplement aux lois de la nature. Celles-ci veulent

LE GRIFFAGE

Tout naturellement, votre chaton cherchera à faire ses griffes sur certains objets de son environnement (voir page 39). Vous devez donc l'éduquer et l'encourager à utiliser des griffoirs. Il en existe de différentes sortes, et certains arbres à chats en comportent systématiquement un. Ces quelques conseils vous guideront dans votre choix.

• Offrez à votre chaton plusieurs griffoirs de taille, de forme et de texture différentes. Vous repérerez rapidement celui qu'il préfère.

• Vous réaliserez vous-même facilement un griffoir à partir de matériaux naturels. Utilisez par exemple une bûche qui a conservé son écorce. Ou bien, enroulez une corde en fibres non synthétiques autour d'un morceau de poteau ; vissez celui-ci sur un socle de bois pour le stabiliser.

• Évitez les griffoirs recouverts de tapis. Votre chat risquerait de faire une fâcheuse confusion avec vos moquettes ou vos tentures murales.

• Certains chats aiment faire leurs griffes sur des objets bas, voire même sur des éléments posés à plat sur le sol. Cependant, votre jeune compagnon a besoin de s'exercer sur un support vertical suffisamment long. Assurez-vous que l'un de ses griffoirs, au moins, est plus grand que lui lorsqu'il est en complète extension.

• Il peut arriver que votre chaton dédaigne tous vos griffoirs et qu'il continue à s'attaquer à vos meubles ou à vos tapis. Si vous le prenez en flagrant délit, détournez son attention (voir page 79) et transportez-le aussitôt près d'un griffoir. Si en outre vous y accrochez son jouet favori – une balle en plastique par exemple –, ses instincts ludiques l'emporteront peut-être sur ses réticences.

qu'un carnivore qui vient de se nourrir se cache, afin de se protéger des attaques éventuelles de ses congénères et de ne pas alerter ses proies potentielles. La plupart des chats domestiques mangent régulièrement à leur faim. Ils peuvent donc rester dans un état semi-léthargique.

Contrairement à nous, les chats ne dorment pas d'une seule traite. Ils font des petits sommes répétés. Ils s'activent davantage à l'aube et au crépuscule et s'assoupissent plus volontiers au milieu du jour et de la nuit.

Cependant, leur sommeil est organisé comme le nôtre : il alterne des périodes de sommeil léger et des périodes de sommeil paradoxal, suivi de sommeil profond. Lors des premières, l'animal dort paisiblement, mais il réagit au moindre bruit. Pendant les secondes, en revanche, il se réveille beaucoup moins facilement. Il est alors parfaitement détendu, tout mou. Toutefois, par moments, ses vibrisses, sa queue et ses pattes s'agitent, ses yeux clignent. Des mouvements semblables à ceux que nous faisons lorsque nous rêvons. On peut donc supposer que les chats rêvent, eux aussi.

Voici ce qu'il faut à votre compagnon pour bien dormir.

- Un certain nombre d'emplacements où il ne sera pas dérangé, les uns au chaud, d'autres en hauteur.
- Des couches confectionnées à l'aide de tissus et de matériaux de différentes textures.
- Un accès permanent à ses lieux de repos, afin qu'il puisse faire un somme quand il le désire.

Ce chaton s'amuse avec sa souris en tissu. Il jouerait tout aussi bien avec une boulette de papier. Procurez au vôtre un grand nombre d'objets différents, mais ne les lui donnez pas tous à la fois, car il ne s'intéresserait alors à aucun d'entre eux.

La nourriture

Les chats harets (des chats domestiques redevenus sauvages) chassent et se nourrissent plusieurs fois par jour, car leurs proies sont petites. Ils digèrent donc assez rapidement. Les chats de compagnie éprouvent aussi le besoin de partir en chasse, même quand ils n'ont pas faim. Il leur arrive d'ailleurs souvent de le faire alors qu'ils viennent de prendre un repas très convenable à la maison.

Quand ils sont libres, ils ont beau être bien nourris, ils passent un quart de leurs journées à braconner. Leurs besoins énergétiques (pour des individus d'environ 3,5 kg) sont d'environ 300 calories quotidiennes ; or une souris moyenne en représente une trentaine. S'ils ne mangeaient rien d'autre, il leur en faudrait donc dix par jour. La plupart des chats domestiques qui consomment des aliments tout prêts (voir pages 58 à 60) préfèrent eux aussi fractionner leur alimentation. C'est encore plus vrai pour les chatons qui ne parviennent pas à absorber leur ration journalière en un ou deux repas seulement.

- Offrez-lui un libre accès à un ou plusieurs aliments couvrant ses besoins nutritionnels (voir pages 54 à 67).
- Proposez-lui plusieurs petits repas par jour.
- Laissez-le exprimer ses instincts de chasseur et exercer son habileté sur des proies réelles ou imaginaires (voir ci-dessous et page 85).

Le jeu

Les chatons doivent pouvoir s'exercer à ces jeux.

Les jeux avec des objets • Cette activité fait intervenir des éléments inanimés. En présence d'un objet nouveau, un chaton commence par l'examiner en le regardant, en le reniflant, en le léchant, en le touchant. Puis il le pousse, le frappe, le saisit et le lance en l'air (voir page 85). Des recherches récentes prouvent que ces jeux leur offrent des stimulations très comparables à celles que procurent les activités de chasse.

C'est vers l'âge de 16 semaines que les chatons passent le plus de temps à jouer avec des objets. Par la suite, ils s'y adonneront plus ou moins fréquemment, selon leur personnalité et leur humeur du moment.

Les jeux d'action • Ils consistent à courir, rouler, sauter et grimper. Au cours de leur première année, les chatons sont naturellement très joueurs. Ils passeront ainsi beaucoup plus de temps qu'un adulte à escalader un arbre à chats (voir page 84).

Les jeux sociaux • Ces jeux entre chatons sont souvent considérés par les observateurs non avertis comme des bagarres. Mais en fait, ils se terminent presque toujours amicalement. Ils sont pratiqués de façon intensive entre la 9e et la 14e semaine.

Ne vous désolez pas si votre animal ne semble pas fasciné par certains des jouets que vous lui proposez. Le maître de celui-ci lui a offert une unité de jeux, mais le chaton est beaucoup plus intéressé par la balle accrochée à la plate-forme supérieure !

JOUETS ET ACCESSOIRES DE JEU

Il vous faudra acquérir ou confectionner pour votre chaton un grand nombre de jouets et d'accessoires de jeu. Le meilleur et le plus simple des jouets, celui qui rencontre toujours le plus vif succès auprès des chats, demeure sans doute la boulette de papier.

La sécurité d'abord

Il va sans dire que tous les jouets que vous fabriquerez doivent être résistants et sans danger. Votre chaton essaiera certainement de les déchiqueter avec ses griffes et ses dents. Ceux que vous achèterez seront bien emballés et étiquetés et seront accompagnés d'une notice explicative. Testez leur solidité avant de les offrir à votre animal. Évitez les jouets vendus en vrac.

Les distractions de votre chaton

Il ne vous suffira pas de donner à votre jeune ami trois ou quatre jouets en pensant qu'ils suffiront à le distraire. En effet, les chatons s'en lassent très rapidement. Malgré des études récentes sur le sujet, les scientifiques ne savent toujours pas pourquoi les véritables souris, même mortes, continuent d'exercer sur les chats une immense fascination, alors qu'ils se désintéressent si rapidement des fausses. Un point ne fait cependant pas de doute : pour profiter au maximum de ses jouets, votre animal a besoin de votre aide. Vous ferez rapidement la différence entre ceux qui l'attirent et ceux qui l'ennuient.

UN TERRAIN D'AVENTURES

Si votre chaton vit constamment enfermé, vous devrez mettre à sa disposition un espace propre à favoriser les jeux d'action (voir page 83). Voici quelques idées.

- Procurez-lui des cartons de différentes tailles, afin qu'il les explore dans tous les sens et passe au travers.
- Placez des coussins par terre, pour qu'il puisse se cacher derrière.
- Confectionnez des tunnels à l'aide de sacs en papier fort, ouverts aux deux extrémités.
- Installez des couvertures de façon à ce qu'elles forment des passages ou des cachettes.
- Les accessoires les plus complets sont les arbres à chats et les unités de jeux. Les plus grands atteignent le plafond et sont équipés de plates-formes ménageant des espaces pour le repos et les aliments.

ATTENTION !

Ne laissez jamais votre animal s'amuser avec un fil de laine ou autre, qu'il soit ou non attaché à un jouet. Les chatons ont sur la langue des sortes de petites aiguilles pointées vers l'arrière. Lorsqu'ils ont un fil dans la gueule, ils ont beaucoup de mal à s'en débarrasser. Un fil à coudre enfilé sur une aiguille représente un grave danger, et ce genre d'accident est bien connu.

Les jouets : des trucs et des conseils

Avec l'âge, votre chaton ne jouera plus autant. Il comptera davantage sur votre participation et s'amusera moins volontiers tout seul.

Préparez-vous donc à lui consacrer plus de temps et d'efforts pour entretenir sa forme physique et psychique.

Les méthodes qui suivent lui éviteront de trop se désintéresser de ses jouets.

• Proposez-lui des objets qui stimulent ses instincts ludiques (ci-dessous et ci-contre).
• Ne lui en présentez qu'un ou deux à la fois, mais remplacez-les souvent.
• Achetez des jouets de forme, de texture et de couleur variées.
• Lorsque vous jouez avec votre chaton, soyez attentif à ses réactions. S'il vous semble las ou énervé, changez d'activité.
• Faites preuve d'imagination dans votre choix de divertissements. Efforcez-vous de les calquer sur des comportements instinctifs. Dans la nature, une souris met toute son énergie à échapper au chat ; elle se déplace rapidement, en tous sens, ou bien elle se cache. Elle ne vient pas se suspendre par un fil au bout d'une branche sous le nez du prédateur !
• Expérimentez les objets de tous les jours. Les plus simples ou les plus compliqués, à votre convenance. Certains chatons, par exemple, sont fascinés par les bouchons en plastique des bouteilles de lait. Rien ne vaut la diversité !

Les jeux avec des objets

Poursuivre • Le chaton court après un objet en mouvement. Cette réaction est déclenchée par les jouets qui se roulent ou se poussent facilement sur le sol. Mon chat Gorbatchov adore se précipiter derrière les croquettes de son repas que je lui lance à travers la pièce. Il arrive même à les attraper d'assez loin en utilisant ses pattes avant comme des gants de base-ball.

Bondir • Soudain, le chaton se tapit, la tête au ras du sol, puis trépigne des pattes arrière avant de bondir brusquement. Il lui arrive d'adopter cette attitude vis-à-vis d'éléments aussi anodins qu'une feuille tombée par terre. Il peut même s'élancer ainsi sur quelque chose que nous ne voyons pas. Pour déclencher ce comportement, traînez un objet sur le sol, arrêtez brusquement, puis agitez-le de nouveau par saccades.

Frapper • En utilisant l'une ou l'autre de ses pattes avant, le chaton frappe violemment un objet suspendu qui oscille, ou pousse du bout de la patte un objet posé sur le sol. Les balles de ping-pong, les boulettes de papier et tous les jouets sans danger, les souris en tissu par exemple, conviennent parfaitement pour cette activité.

Saisir • Le chaton saisit un objet entre ses pattes avant ou dans sa gueule. Il peut aussi le tenir entre ses dents et le lâcher en secouant la tête.

Écoper • Le chaton attrape un objet avec l'une de ses pattes avant, qu'il arrondit en forme de cuillère sous l'objet en question. Il le saisit ensuite fermement dans ses griffes.

En procurant à votre chaton des jouets qu'il apprécie, vous stimulerez ses instincts ludiques. Ce chaton s'entraîne à écoper d'une patte sa souris en tissu. Un comportement que les chats adoptent avec les souris vivantes pour les empêcher de s'enfuir.

Le chaton d'extérieur

Les grands espaces offriront à votre chaton des stimulations difficiles à recréer en intérieur. Dans la mesure du possible – mais surtout pas avant une semaine après ses vaccinations (voir page 120 et 121) – laissez-le jouir de la vie au grand air.

LA CHATIÈRE

Une chatière présente l'avantage de permettre à votre chaton d'entrer et de sortir librement, sans que vous deviez à chaque fois lui ouvrir la porte ou la fenêtre.

Si vous l'encouragez et l'aidez un peu au début, votre animal prendra vite l'habitude de l'utiliser. Pour le premier essai, laissez la porte de la chatière grande ouverte en la calant solidement à l'aide d'un objet qui ne risque pas de bouger s'il l'effleure. Une première expérience malheureuse – il peut arriver que la porte de la chatière retombe violemment derrière votre chaton, voire même sur lui – risquerait de le dissuader de s'approcher de nouveau de cette zone dangereuse.

Laissez votre jeune compagnon prendre l'initiative de ses découvertes, qu'il fera à son rythme. Au début, il passera peut-être un certain temps à cheval sur la chatière, à moitié dans la maison, à moitié au dehors, tout en surveillant les alentours. Peu à peu, il prendra confiance, et franchira rapidement la chatière... mais pour aller aussitôt se mettre à couvert à l'extérieur.

Les différents types de chatières

Dans sa forme la plus simple, la chatière est constituée d'une porte montée sur charnière, battant dans les deux sens. D'autres sont équipées de dispositifs de verrouillage intérieur et extérieur. Votre chaton pourra ainsi entrer mais pas ressortir (ce qui sera très utile pour le retenir à la maison la nuit), ou l'inverse (vous empêcherez ainsi ses congénères de pénétrer chez vous).

Une chatière très sophistiquée ne s'ouvrira que pour votre animal, grâce à une clef attachée à son collier. Dès qu'il s'approche, cette clef déclenche le système électronique d'ouverture de la porte. Ce modèle vous sera très utile si les chats du voisinage ont pris la mauvaise habitude de fréquenter votre domicile.

Le choix de la chatière

- Achetez une chatière avec une porte bien ajustée, qui ne battra pas au vent.
- Cette porte doit être transparente : il faut que votre chaton puisse s'assurer que la voie est libre avant d'engager sa tête.
- Si vous optez pour une chatière dotée d'un mécanisme électronique à clef, assurez-vous qu'elle est accompagnée de deux clefs, au cas où votre animal perdrait son collier au cours d'une de ses escapades.
- Vous avez intérêt à payer un peu plus cher pour avoir une chatière de bonne qualité, qui résistera plus longtemps aux passages incessants de votre chaton.

L'installation de la chatière

La plupart du temps, une chatière se fixe dans une porte d'entrée. Cependant, certains modèles sont spécialement conçus pour être fixés dans un mur creux. Ils sont reliés à l'extérieur par un court tunnel, une sorte de manche qui traverse la paroi. Celle de mon chat Gorbatchov est installée dans la vitre d'une fenêtre. J'ai ôté le verre et je l'ai remplacé par un morceau de matière plastique transparente dans lequel j'ai incrusté la chatière.

Quand vous installerez la vôtre, prévoyez l'avenir et pensez au confort de votre chaton.

- Essayez d'imaginer où il souhaiterait que vous la placiez. Lui offrira-t-elle une vision suffisamment panoramique du monde extérieur pour qu'il ait conscience des dangers potentiels qu'il peut lui faire courir ? Celle de Gorbatchov, par exemple, donne

Lorsque vous apprenez à votre chaton à franchir la chatière pour la première fois, encouragez-le en plaçant son écuelle bien remplie à l'extérieur.

Une porte est l'emplacement le plus évident pour installer une chatière. Deux autres solutions, tout aussi excellentes, consistent à la fixer dans un mur, ou dans un morceau de plastique transparent posé à la place d'une vitre de fenêtre.

sur un large rebord de fenêtre où il peut se promener tranquillement et tout observer, ou se réfugier lorsqu'il est poursuivi par un de ses congénères. La chatière doit être pour votre chaton une parfaite voie de repli, rapidement et facilement accessible à la moindre alerte.

• Lorsque votre chaton rentrera de promenade, vous ne souhaiterez sans doute pas qu'il pénètre directement dans le salon. Durant les mois d'hiver pluvieux, notamment, il laissera de la boue tout autour de la chatière.

• La chatière doit se trouver dans une partie de la maison à laquelle votre chat a le droit d'accéder. Vous ne serez en effet pas toujours là lorsqu'il rentrera.

• Ne mettez pas la chatière dans un endroit où votre chien, si vous en avez un, pourrait empêcher votre chaton d'entrer. Ma chienne, Jessie, adore Gorbatchov. Et dès qu'elle voit apparaître sa tête quand il rentre, elle est persuadée qu'il vient jouer avec elle. Il arrive que son accueil un peu trop enthousiaste fasse rapidement battre mon chat en retraite.

• Quel que soit son emplacement, elle doit se trouver à une hauteur convenable. La plupart des chatons sont parfaitement capables d'utiliser une chatière prévue pour un adulte. Cependant, la base de celle-ci ne doit pas se trouver à plus de 15 cm du sol (ou du bas de la fenêtre, le cas échéant).

• N'installez jamais une chatière dans la porte pare-feu séparant votre maison du garage attenant. Celle-ci perdrait toutes ses qualités de protection.

• Assurez-vous enfin que personne ne puisse, en passant son bras au travers de la chatière, déverrouiller porte ou fenêtre et pénétrer dans la maison.

Les inconvénients d'une chatière

• Une chatière a un inconvénient majeur : elle permet aux chats du voisinage de pénétrer chez vous et d'envahir ainsi le territoire de votre petit compagnon. Ces intrusions entraînent parfois des problèmes comportementaux, par exemple des marquages urinaires à l'intérieur. C'est dans ce domaine que les chatières munies d'un dispositif électronique à clef (voir page ci-contre) sont le plus utiles.

• Si leur chatière reste constamment ouverte, certains chats donnent l'impression de ne pas être en sécurité, même si aucun congénère n'a pénétré chez eux. En fait, ils se sentent vulnérables. Cette réaction est tout à fait compréhensible. Vous-même, dormiriez-vous tranquillement la nuit en sachant que votre porte d'entrée n'est pas verrouillée ?

• S'il peut sortir par la chatière quand bon lui semble, votre chaton risque de s'absenter de plus en plus longtemps et de s'éloigner toujours davantage de la maison. Surtout si vous le nourrissez en « libre service ». Car il ne sera alors même plus obligé de revenir à heures fixes pour prendre ses repas.

LES PROMENADES AVEC VOTRE CHATON

Vous n'avez pas la possibilité de laisser votre chaton sortir librement, mais vous souhaitez pourtant qu'il puisse prendre l'air. Peut-être envisagez-vous d'acquérir un harnais afin de le promener en laisse. En théorie, l'idée est excellente. Mais dans la pratique, il est fort probable que votre chaton ne s'habituera jamais à être entravé de la sorte, bien qu'il semble certain que les siamois et les burmeses, par exemple, acceptent la laisse comme des chiens.

Si, malgré tout, vous achetez un harnais, assurez-vous qu'il ne blessera pas votre animal. Ne vous aventurez pas au dehors avant d'avoir fait, l'un et l'autre, plusieurs expériences concluantes dans la maison. Même si votre chaton semble bien supporter la laisse, ne l'emmenez jamais dans des lieux publics. S'il était soudain effrayé, il risquerait de devenir fou furieux. Vous auriez alors beau essayer de le calmer, il pourrait vous griffer et vous blesser. Et si, dans la panique, sa laisse vous échappait, il disparaîtrait peut-être à jamais.

UN ENCLOS À L'EXTÉRIEUR

Certains fabricants proposent des enclos prêts à monter. Cependant, si vous êtes bricoleur, vous préférerez peut-être en construire un. Les plus simples ressemblent à de grandes cages et sont un peu rustiques. Avec un peu d'imagination, elles peuvent devenir un des éléments attrayants de votre jardin.

Construire un enclos

Si vous avez l'intention de réaliser vous-même cet enclos, allez voir d'autres propriétaires de chats qui en possèdent un. Ils vous donneront des conseils utiles. Ces enclos commencent à connaître un grand succès. Ils tranquillisent les maîtres qui redoutent à juste titre les dangers de la circulation, les maladies contagieuses et les disparitions.

Le sol de l'enclos sera construit en ciment (conçu pour drainer l'eau), ou planté d'herbe, ou encore associera les deux. Le gravier est aussi une bonne solution. Cependant, assurez-vous avant tout que vous n'avez pas besoin d'un permis de construire. Et n'oubliez pas que si vous êtes locataire, il vous faudra l'accord de votre propriétaire.

Aménager un enclos

L'enclos de votre chaton sera un lieu qui stimulera son corps et son cerveau. Il ne vous suffira donc pas de lui offrir un maximum d'espace, vous devrez aussi prévoir divers aménagements. Vous l'installerez à l'abri du vent dominant et de la pluie. Cependant, laissez-y un coin bien exposé pour que, les jours de beau temps, votre petit compagnon puisse jouir de ces bains de soleil qu'il aime tant.

Un enclos devrait comporter les éléments suivants :

- Un abri chaud et confortable contre les intempéries.
- Une aire couverte équipée d'un bac à litière.
- Des zones d'ombre.
- Des plates-formes d'observation et de repos, dont certaines au soleil.
- Des objets, de préférence naturels, tels que des branches bien fixées, pour grimper et faire ses griffes, et des jouets, les uns posés à terre, d'autres suspendus.

Cet aménagement sera régulièrement modifié. Un environnement changeant est beaucoup plus stimulant.

ATTENTION !

Les vétérinaires vous diront que les chats s'empoisonnent rarement. Toutefois, ne tentez pas le diable. La liberté de votre chaton sera restreinte au périmètre de l'enclos : il aura donc tendance à l'explorer dans ses moindres recoins. Il s'essaiera à mâcher des tiges qu'il ne connaît pas ou à manger une plante étrange.

Ne traitez pas avec des produits chimiques les surfaces en bois qui lui sont accessibles, qu'elles se trouvent entièrement chez vous ou qu'elles soient en partie chez votre voisin. Interrogez votre vétérinaire sur les plantes que vous souhaiteriez voir pousser dans l'enclos. Il vous dira si elles présentent le moindre danger.

D'autres idées

- Un ou deux pieds de cataire (*Nepeta cataria*, herbe à chat). La plupart des chats apprécient beaucoup l'odeur de ces plantes, dont il existe plusieurs variétés.
- D'autres plantes et arbustes. Mais n'oubliez qu'ils sont parfois toxiques (voir encadré ci-dessus).
- De l'herbe. Certains chats en sont très friands. Et il semblerait qu'elle aide à la digestion.

DES LIMITES INFRANCHISSABLES

Les chats font preuve de beaucoup d'ingéniosité lorsqu'ils veulent s'échapper. Si vous voulez que les limites de votre jardin soient infranchissables pour votre petit compagnon, pensez à ces quelques points.

- Un chat adulte de poids moyen est capable de se glisser dans un trou de clôture de 10 cm de large. Vérifiez donc soigneusement l'état de votre grillage.
- Les chats escaladent sans difficulté la plupart des clôtures. Les murs de briques, sans prises, sont nettement plus dissuasifs. Les parois doivent s'élever au moins à 3 m de haut. Posez en haut un grillage incliné vers l'intérieur, et fixez-y un filet horizontal.
- Faites très attention quand vous ouvrez les portes. Choisissez-les plutôt grillagées que pleines. Ainsi, vous repérerez immédiatement le coin où se trouve votre chaton quand vous rentrerez.
- Un sas fait de deux portes successives permet d'éviter les risques. Vous pourrez en effet refermer la première avant d'ouvrir la seconde.
- Les branches d'arbre surplombant l'enclos seront pour votre chaton un parfait chemin d'accès vers le jardin de votre voisin. Vous devrez tailler ou éliminer toutes les plantes qui pourraient lui servir d'échelle ou de pont.

Des maîtres de plus en plus nombreux restreignent les activités extérieures de leurs chats aux limites d'un enclos. Si vous souhaitez en faire autant, dessinez d'abord des plans concernant sa taille, sa disposition et sa construction. Il doit être le plus grand possible, totalement sûr, et bâti avec des matériaux sans danger. Son agencement intérieur sera conçu pour que votre chaton y trouve un environnement stimulant et un grand choix d'activités. Pensez donc à créer des abris et des lieux exposés ; des cachettes au sol et des plates-formes en hauteur. Si vous avez un petit jardin entouré de murs, il deviendra avec un minimum d'aménagements l'enclos de votre chaton.

Le vagabondage

Lorsqu'un chat s'éclipse par la chatière, il a généralement deux idées en tête : retrouver ses congénères et chasser. La plupart des chats libres de leurs mouvements mènent en fait deux vies. Ils sont affectueux et communicatifs à la maison, mais, dès qu'ils sont dehors, ils se battent, cherchent des femelles ou chassent en solitaires.

Si vous laissez votre chaton sortir, vous marquerez de l'intérêt, voire de l'inquiétude, pour ce qu'il fera à l'extérieur. Cependant, vous ne saurez probablement jamais où il va, ni qui il rencontre. Vous repérerez peut-être ses chemins familiers à travers son territoire. Mais ses zones de chasse et les voies qu'il empruntera pour les rejoindre vous resteront mystérieuses

Le récit d'une excursion que fait souvent Félix vous donnera une idée des expériences que peut faire un chat de l'autre côté de la chatière. Félix est un chat mâle castré, âgé de 1 an. Dans son quartier, il vit entouré de nombreux congénères.

UNE JOURNÉE DANS LA VIE DE FÉLIX

Félix passe la tête au travers de la chatière. Cependant, avant de s'engager plus avant, il flaire le soubassement de briques. Il sait que, de temps à autre, un matou, un mâle passe par là. Serait-il venu récemment ? Aurait-il même essayé de pénétrer dans la maison par la chatière pour lui voler sa nourriture ? Les chats entiers (non castrés) s'aventurent souvent très loin de chez eux à la recherche de femelles. Même en ville, ils s'éloignent parfois de plus de 1 km de leur domicile. Ils arpentent fréquemment leur territoire en guettant un rival potentiel. Ils provoquent leurs congénères en venant uriner sur leur domaine. Si le matou du quartier avait laissé sa carte de visite odorante devant la porte d'entrée, Félix s'en serait aussitôt rendu compte.

Ses maîtres sont hors de vue et déjà oubliés. Tout en avançant lentement dans le jardin, notre héros surveille attentivement les alentours. Un autre chat, castré et bien plus vieux, habite la maison d'à côté. Il est là depuis longtemps, bien avant la naissance de Félix. Celui-ci, comme tous les jeunes chats, respecte le territoire d'un voisin plus âgé, plus fort et plus expérimenté.

La recherche des marquages territoriaux

Félix grimpe le long d'un arbre pour atteindre le faîte du mur situé au fond du jardin. Deux chats des alentours ont marqué des petites branches en saillie avec les secrétions de leurs glandes temporales. Félix a tôt fait de les repérer. Il ouvre grand la gueule tout en reniflant pour identifier leurs auteurs (voir page 33).

Le premier n'est autre que le mâle de la maison voisine. Cependant, l'odeur affadie de son marquage indique qu'il est passé par là plusieurs heures auparavant. Le second est une chatte stérilisée, elle aussi âgée de 1 an, qui prend tranquillement le soleil sur le toit d'un garage. Félix n'a donc rien à craindre et poursuit tranquillement son chemin.

Il sait cependant qu'il va bientôt devoir franchir le territoire d'un ennemi. Empruntant un passage bien protégé entre un mur et une haie, il se fait aussi discret que possible. Il veille surtout à ne pas frotter ses tempes sur le mur ou le feuillage, car ces marques odorantes trahiraient aussitôt sa présence.

Félix, chat mâle castré de 1 an, est tout à fait représentatif. Il vit comme la plupart des chats domestiques libres de leurs allées et venues.

Le territoire de Félix

- Territoire de Félix
- Territoire de la chatte
- 1 Maison de Félix
- 2 Maison de la chatte
- 3 Maison du vieux matou
- 4 Chatte prenant le soleil sur le toit d'un garage
- 5 Mur
- 6 Fossé asséché

Le territoire de Félix empiète sur celui de sa voisine, la femelle qui habite de l'autre côté de la route. Les chats qui sont libres de leurs mouvements vivent des aventures fascinantes, qui demeurent mystérieuses pour leurs maîtres.

En route pour la chasse

Félix veut atteindre l'angle du parc situé non loin de chez lui. Un long mur bas lui offre un bon observatoire, depuis lequel il surplombe un fossé asséché et un taillis où oiseaux et souris viennent souvent se nourrir.

Un chat dont le territoire de chasse est limité attendra ainsi sans bouger durant des heures qu'une proie apparaisse. S'il bénéficie d'un espace plus vaste, il se déplacera silencieusement d'un territoire à un autre, en espérant attraper sa pitance à découvert.

Félix est bien nourri par ses maîtres. Pourtant, instinctivement, il prend plaisir aux stimulations physiques et cérébrales que lui procure cette activité. Mais, malgré toute sa bonne volonté, il est encore trop inexpérimenté, et il rentrera bredouille.

Le retour du prédateur

Il est probable que s'il avait pris une proie, il serait revenu avec elle à la maison. Bien des maîtres pensent, à tort, que leur animal considère la famille avec laquelle il vit comme une portée qui a besoin d'être nourrie. En fait, les chats se comportent ainsi parce qu'ils seront beaucoup plus tranquilles chez eux pour déguster le produit de leur chasse. Que d'ailleurs ils dédaignent souvent une fois rentrés, car ils préfèrent manger leurs aliments habituels.

SIX ANS PLUS TARD

Chat maintenant d'âge mûr, Félix jouit d'une liberté de mouvements bien plus grande que dans son jeune âge.

Le matou est mort 2 ans plus tôt, et il n'a pas été remplacé. Aussi, progressivement, Félix s'est-il approprié son territoire. Il passe maintenant beaucoup de temps à lézarder devant la porte d'entrée. Il urine fréquemment autour de son territoire, mais l'odeur de ce marquage est moins forte que s'il n'avait pas été castré. Dans l'une des maisons situées de l'autre côté de la route vit maintenant un chaton mâle de 14 semaines, qui veille à ne pas croiser Félix sur son chemin.

Les autres animaux de la maison

Désormais, notre chat cohabite avec deux chattes âgées respectivement de 5 et 2 ans, la mère et la fille. Elles passent le plus clair de leur temps ensemble, ce qui n'a rien de surprenant. En effet, l'organisation sociale chez les félins se fonde sur les relations entre femelles de parenté étroite. Félix garde donc ses distances, bien qu'il soit le grand-oncle de l'une et l'arrière-grand-oncle de l'autre. Mais les chats ne reconnaissent pas d'instinct leurs parents proches. Ils nouent tous leurs véritables liens affectifs durant les 8 premières semaines de leur vie. L'amitié entre chatons naît souvent quand ils ont vécu ensemble entre la 4e et la 8e semaine (voir pages 30 à 35).

La plupart des chatons domestiques sont des animaux athlétiques et agiles, capables de s'élancer soudain, en pleine nature, à la poursuite de leurs proies.

LE CHAT PRÉDATEUR

Les instincts prédateurs du chat ont des effets nocifs sur le milieu naturel. De très nombreuses régions sont concernées, bien que certaines soient plus touchées que d'autres. Les naturalistes pensent que les chats domestiques, les chats harets et les chats de ferme causent des ravages parmi les faunes locales. La question fait actuellement l'objet d'études détaillées.

Nous savons très bien aujourd'hui quelles sont les espèces sauvages les plus menacées par les chats. Mais lesquelles chassent-ils pour les abandonner ensuite ? Les recherches actuelles devraient apporter des réponses à cette question.

L'impact des chats sur la vie sauvage

Certains points sont cependant élucidés.

• Les chats s'attaquent plus souvent aux petits mammifères qu'aux oiseaux. Seraient-ils plus faciles à attraper ?
• En Europe et en Amérique du Nord, les campagnols terrestres sont sans doute leurs proies favorites ; mais ils ne dédaignent pas les lapereaux et les levrauts.
• Les souris et les jeunes rats, malgré les idées reçues, paraissent moins menacés. Les chats domestiques en rapportent pourtant souvent à la maison, pour les abandonner aussitôt.
• Les musaraignes semblent être nettement moins appréciées.
• En Amérique du Nord, l'écureuil terrestre et le tamia rayé constituent des proies courantes.
• En Australie, les lapins, les rats, les souris et les petits marsupiaux sont assidûment poursuivis.
• Les oiseaux, en particulier les oiseaux de mer, sont largement chassés par les chats insulaires.
• Les insectes, les araignées, les crustacés et les mollusques sont aussi des proies faciles.

La lutte contre l'instinct de prédation

À la maison, stimulez par des jeux les instincts prédateurs de votre chaton. Vous atténuerez ainsi sensiblement ses envies de chasser pour de bon à l'extérieur (voir page 85). Des activités ludiques amélioreront aussi sa rapidité et sa précision.

UN CHASSEUR REDOUTABLE ?

Il est très difficile d'estimer les ravages que font vraiment les chats dans la faune sauvage. On connaît mal en effet les habitudes alimentaires des prédateurs qu'ils côtoient, et les autres causes de mortalité des espèces chassées par les félins domestiques.

L'activité prédatrice des chats vis-à-vis des oiseaux chanteurs se remarque bien plus que la destruction d'animaux à quatre pattes, car elle a lieu de jour. Il est vrai que les oiseaux ont leurs observateurs passionnés alors que les petits mammifères suscitent peu d'intérêt.

De l'avis de certains experts, il est peu probable que, même si on ne limite pas leur nombre, les chats aient davantage d'influence sur les populations d'oiseaux chanteurs que d'autres prédateurs.

LES BAGARRES ENTRE CHATS

Tous les chats ont un territoire. Ils le marquent au moyen de leurs urines, de leurs selles, de leurs secrétions et de leurs griffes, et s'efforcent, par tous les moyens possibles, de le défendre face à leurs congénères.

Inévitablement, il arrive que l'un d'eux empiète sur celui d'un autre. Les chats se battent parfois pour faire valoir leurs droits, mais, la plupart du temps, ils préfèrent éviter l'affrontement ; car ils ne sortent jamais indemnes d'un combat à coups de griffes et de dents.

La hiérarchie chez les félins

Entre eux, les chats se montrent généralement conciliants. Ils parviennent à partager à temps partiel un territoire commun.

Le chat dominant, cependant, s'attribue toujours les meilleures zones de chasse aux meilleurs moments, c'est-à-dire à l'aube et au crépuscule.

Les animaux de statut social inférieur doivent alors attendre qu'il soit fatigué et qu'il rentre à la maison pour avoir le terrain libre.

Il arrive cependant que des querelles territoriales surviennent, et certains quartiers sont plus que d'autres le théâtre de tels affrontements.

Les chats défendent instinctivement leur territoire, et certains même de façon très aggressive. Mais en général, ils préfèrent éviter les affrontements directs.

Certains chats se montrent aussi plus agressifs que d'autres. Et les bagarres ont alors parfois de sérieuses conséquences.

Les blessures • Les morsures sont presque toujours la cause d'infections. Celles-ci se traduisent souvent par des abcès purulents et douloureux qui requièrent un traitement médical, voire chirurgical, urgent.

La transmission de maladies infectieuses • Les contacts étroits entre chats représentent le meilleur moyen de diffusion des agents infectieux (voir pages 118 à 120). Les vaccinations obligatoires permettent de les immuniser contre la plupart des grandes maladies infectieuses auxquelles ils sont exposés, à une exception près toutefois : l'infection par le virus de l'immunodéficience féline. Ce virus, apparenté à celui du sida, se transmet principalement par la salive. Les animaux sains sont infectés par morsures, au cours des bagarres.

ATTENTION !

Vous vivez dans un quartier envahi de chats ? Les bagarres y sont fréquentes ? Les virus de la leucémie et de l'immunodéficience félines y sont régulièrement diagnostiqués ? Gardez impérativement votre chat à la maison entre le coucher et le lever du soleil. Votre vétérinaire vous conseillera sur l'attitude à adopter.

L'absence

Il vous arrivera de devoir quitter votre chaton. Ce ne sera souvent que pour quelques heures ; mais votre absence sera parfois plus longue, et surviendra peut-être à l'improviste. Vous devrez de toute façon organiser la garde de votre petit compagnon. Demandez à un parent ou à un ami compétents de s'en occuper, ou, comme de nombreux maîtres, conduisez-le dans une bonne pension. Sans compter qu'il existe de plus en plus de gardes pour chats !

Les absences courtes

Avant de partir, et si vous êtes sûr de pouvoir laisser votre chaton sans surveillance à la maison, vérifiez qu'il est bien enfermé dans la pièce qui lui est réservée. S'il est assez âgé et libre de ses allées et venues, déverouillez la chatière. Sinon, assurez-lui le libre accès à un bac à litière au moins (voir page 75).

Si votre animal se nourrit d'aliments humides (voir page 60), vous ne pourrez le laisser seul que dans l'intervalle compris entre deux repas. Si, en revanche, vous lui donnez des aliments déshydratés en « libre service », vous pourrez vous absenter plus longtemps.

Au début, vous serez beaucoup plus inquiet que lui, qui n'imagine pas un instant que vous puissiez ne pas revenir. Avec le temps, vous accepterez de le quitter plus longtemps et de lui permettre de vagabonder dans d'autres pièces de la maison en votre absence.

Les absences plus longues

Vous devez quitter votre chaton pour un ou plusieurs jours, voire quelques semaines ? Qui va veiller sur lui en votre absence ? Un séjour dans une bonne pension représente une excellente solution.

PRÉVENIR L'ANGOISSE DE LA SÉPARATION

Certains chatons se montrent très anxieux quand leur maître les quitte. Le vôtre vivra peut-être mal votre départ. Pour prévenir son angoisse, entretenez avec lui des relations assez neutres durant les jours qui précéderont votre départ.

La plupart des chats s'adaptent très rapidement à une vie de pensionnaire. Si votre profession vous oblige à de fréquentes absences, placez votre chaton, dès son plus jeune âge, et pour de très courtes périodes, dans une pension que vous aurez choisi avec soin ; vous vous rendrez rapidement compte de ses réactions.

LE CHOIX D'UNE PENSION

Peut-être pensez-vous ne jamais devoir mettre votre chaton en pension. Vous ignorez cependant quelles surprises la vie vous réserve. Des circonstances inattendues peuvent vous obliger à le placer du jour au lendemain. Choisissez donc une pension avant même de l'adopter et, dès que vous savez que vous allez vous absenter, réservez sa place car les meilleurs établissements affichent souvent complet. N'oubliez pas qu'ils exigeront que les vaccinations de votre animal soient à jour (voir pages 118 à 121).

En anticipant ainsi, vous ne serez jamais pris au dépourvu ; votre chaton sera peu perturbé par votre départ et vous serez moins inquiet puisque vous le laisserez en de bonnes mains.

L'enquête

• Cherchez l'adresse de pensions pour chats dans les Pages jaunes de l'annuaire ou dans les petites annonces des journaux locaux. Renseignez-vous également auprès des associations, fédérations, cercles et clubs nationaux. Dressez la liste de celles qui se trouvent à une distance raisonnable de votre domicile, bien que ce paramètre ne soit pas essentiel. Un trajet un peu plus long vous permettra peut-être d'atteindre une meilleure pension.

• Sélectionnez quelques établissements de votre liste, en prenant en compte les recommandations de votre vétérinaire et celles d'autres propriétaires de chats.

Les critères du choix

• Rendez-vous dans les pensions que vous avez retenues ; vous vous ferez ainsi une idée plus exacte des lieux. Si l'on vous refuse une visite préalable, abandonnez tout de suite cette piste.

• Si la pension est sérieuse, on vous posera de nombreuses questions sur votre chaton : quels sont ses goûts, son régime alimentaire ? A-t-il une expérience de la pension ? Suit-il un traitement vétérinaire particulier ? Est-il bien vacciné ?

• Assurez-vous que la pension détient une licence. En regardant autour de vous, faites-vous une opinion sur les conditions de vie des pensionnaires. Peu importe le cadre si vous êtes assuré que votre chaton sera confortablement installé, avec ses propres affaires, sa couche par exemple. Vérifiez que les enclos sont équipés d'abris couverts et de plates-formes sur lesquelles grimper.

• Ceux-ci doivent être séparés les uns des autres par des « barrières d'éternuements ». Ces espaces d'une cinquantaine de centimètres permettent de prévenir la transmission aérienne d'agents infectieux. Ils éviteront toute contamination de votre chaton. Assurez-vous aussi que la pension dispose d'un quartier d'isolement pour les chats malades.
• Demandez ce qui se passerait si votre chaton était souffrant ou si votre retour était retardé.
• Chaque chat doit avoir accès à sa propre aire de détente. Si vous constatez que les cages sont empilées les unes sur les autres, allez voir ailleurs.
• Le terrain de la pension doit être bien clos, et les bâtiments équipés contre l'incendie et surveillés par un gardien 24 heures sur 24.
• En fin de compte, laissez parler votre impression première. Serez-vous tranquille de laiser votre chaton dans cette pension ? Et lui, que vous connaissez bien, sera-t-il heureux ici pendant votre absence ?

Quand vous emmenez votre chaton en pension, assurez-vous que vous n'avez rien oublié (voir ci-contre). Écourtez les adieux.

Les bagages de votre chaton

• Ses aliments habituels en quantité suffisante, si la pension ne les fournit pas, accompagnés de notes claires, complètes et détaillées sur son régime.
• Son carnet de vaccination et les coordonnées de votre vétérinaire.
• Sa couche et quelques-uns de ses jouets favoris.
• Ses brosses, ses étrilles et ses peignes.
• Des adresses de personnes à prévenir en cas d'urgence, et notamment celle où vous serez pendant votre absence.
• Des précisions sur les éventuels traitements ou les soins généraux à prodiguer à votre animal.

D'AUTRES SOLUTIONS

Vous pouvez bien sûr demander à des amis de s'occuper de votre chaton durant votre absence. Mais assurez-vous qu'ils le font de bon cœur. Si vous laissez votre petit compagnon chez vous, en sachant que quelqu'un viendra fréquemment prendre soin de lui, prévoyez tout pour qu'il ne puisse pas s'échapper. Si vous laissez sa chatière ouverte, il risque de s'éclipser à chaque apparition de l'intrus, qui ne réussira peut-être jamais à le rencontrer. Ne faites pas garder votre chaton dans une autre maison, à moins que ses occupants aient une grande expérience des chats, qu'ils n'aient pas d'animaux et que leur domicile soit sûr et sans danger. Assurez-vous qu'il ne sortira sous aucun prétexte.

Personnellement, je n'accepterais de garder un chat étranger qu'avec beaucoup de réticences, car il s'agit là d'une lourde responsabilité.

Les gardes pour chats

Vous pouvez aussi employer une garde spécialisée qui viendra vivre chez vous durant votre absence. Si vous avez plusieurs animaux, c'est peut-être la solution la plus avantageuse. Assurez-vous que cette personne s'entend bien avec votre chaton, qu'elle possède de sérieuses références et une bonne expérience.

Le déménagement

La plupart des gens, et sans doute êtes-vous du nombre, se disent très perturbés par les déménagements. Dans ces conditions, votre chaton se sentira très mal à l'aise si vous ne lui prêtez pas une grande attention. Lorsque vous préparez vos caisses, enfermez-le dans une pièce sûre, car il ressentira votre énervement. Toutefois, ses réactions dépendront de son tempérament et de ses capacités d'adaptation aux expériences nouvelles.

Les réactions de votre chaton

En plein remue-ménage, votre chaton peut parfaitement rester d'un calme olympien, ou au contraire se montrer incroyablement excité. Mais dans tous les cas, il sera très certainement perturbé par cette activité inhabituelle au cœur même de son territoire. Il ne trouvera bien sûr aucune explication logique au démantèlement de son environnement et aux allées et venues incessantes d'étrangers.

Loin du chantier

Si vous devez déménager, il vaut mieux que vous laissiez votre chaton à un ami de confiance et compétent – ou, mieux encore, que vous le placiez dans une bonne pension (voir pages 94 et 95). Éloignez-le avant même de commencer à remplir vos caisses ; vous n'irez le rechercher que lorsque vous serez complètement installé. Les chats n'aiment pas non plus les travaux ; n'imposez donc pas cette épreuve à votre petit compagnon et attendez que le gros chantier soit terminé.

De cette façon, il ne sera pas perturbé par le déménagement proprement dit, et vous pourrez vous consacrer entièrement à votre nouvelle installation. Vous aurez aussi le temps d'aménager votre nouveau domicile, à l'intérieur et à l'extérieur, comme vous l'aviez fait la première fois (voir pages 50 et 51).

Les règles de la nouvelle maison

Quand vous le conduirez dans votre nouvelle demeure, vous devrez vous poser les mêmes questions que lors de son adoption. Peut-être devrez-vous aussi instaurer de nouvelles règles. Où votre chaton dormira-t-il ? Quelles pièces lui autoriserez-vous ? Pourra-t-il sortir et sous quelles conditions ? Si vous avez un jardion, transporterez-vous son enclos ou en construirez-vous un autre, mieux adapté à votre nouveau jardin ?

Quand il sera rentré, vous attendrez que votre animal soit parfaitement adapté à l'intérieur avant de lui permettre de sortir et d'occuper un nouveau territoire à l'extérieur.

Un nouveau cabinet vétérinaire

Si votre déménagement vous oblige à changer de vétérinaire, prospectez à l'avance (voir page 105) pour ne pas être pris au dépourvu en cas de maladie.

L'arrivée au logis

Lorsque vous ramènerez votre chaton chez vous, après son séjour chez vos amis ou en pension, comportez-vous exactement comme lorsque vous l'avez adopté. Laissez-le explorer à son rythme la pièce que vous lui avez réservée. Même si elle ne ressemble ni par la taille ni par la forme à la précédente, il y retrouvera des odeurs et des objets familiers, notamment sa couche, son écuelle et son bol, son bac à litière et son griffoir. Lorsqu'il sera habitué à ce nouvel environnement, vous le laisserez découvrir, une à une, les autres pièces autorisées de la maison. Comme dans votre ancienne demeure, ne le bousculez pas. Surveillez-le cependant, et assurez-vous qu'il ne puisse pas sortir. Il s'acclimatera en quelques jours... ou en quelques semaines.

L'exploration de l'extérieur

Si vous avez décidé de laisser votre jeune compagnon libre de ses allées et venues, vous lui ferez découvrir son nouvel environnement extérieur avec les mêmes précautions que quand il était petit. Avant de lui permettre d'aller se promener, laissez-le jeûner un peu, pour qu'il ait faim. Pour cette première excursion, évitez de le laisser sortir entre le coucher et le lever du soleil : c'est le moment où les mâles dominants

EN VACANCES AVEC VOTRE CHATON

Même si vous pensez que votre chaton à une nature à toute épreuve, ou qu'il aime voyager, ou qu'il est, au contraire, très casanier, je vous conseille de ne JAMAIS l'emmener en vacances avec vous. Personne ne peut prévoir comment il réagira dans un environnement nouveau. Dans le pire des cas, il risque de disparaître, au moins pendant un certain temps, ce qui gâcherait votre détente. Placez-le plutôt en pension ou le laissez-le aux soins d'amis compétents (voir pages 94 et 95).

déambulent. Accompagnez votre chaton dans le jardin, mais laissez-le prendre son temps. Restez en retrait et observez-le calmement. Au bout de 30 min, rappelez-le à la maison pour lui donner à manger.
Il est très important qu'il sache rapidement à quoi ressemble sa nouvelle demeure vue de l'extérieur. Il est également essentiel qu'il associe le fait de rentrer par la chatière toute neuve à la réjouissante perspective d'un repas et de votre affection.

Répétez plusieurs fois l'expérience afin que la leçon soit bien assimilée. À mesure que votre chaton se montrera moins craintif, vous lui permettrez de rester plus longtemps dehors. Ne le laissez sortir la nuit que lorsqu'il sera parfaitement confiant et qu'il connaîtra bien le jardin. Il pourra alors entreprendre ses propres expériences, partir à la découverte de la population féline locale et organiser ses activités sur le territoire commun (voir page 93).

Un déménagement sur le territoire de votre chaton

Si votre nouvelle maison est proche de l'ancienne, elle se trouvera peut-être dans les limites du premier territoire de votre chaton (voir pages 90 et 91). Il retrouvera donc le chemin de votre ancienne demeure. Pour qu'il ne s'installe pas dans deux domiciles, voici quelques conseils :

• Faites-lui comprendre qu'il ne trouvera nulle part ailleurs autant d'attention et d'affection que dans son nouveau logis.

• Demandez aux nouveaux occupants de votre maison de le traiter sans ménagement s'il rôde devant leur porte. Qu'ils veillent à enlever sa chatière ou à la laisser toujours bien verrouillée.

• Priez vos anciens voisins de le chasser à chaque fois qu'il revient dans les parages.

Quand vous déménagez, mettez votre chaton en pension, ou confiez-le à un ami avant de commencer à remplir vos caisses. Vous irez le chercher lorsque vous serez définitivement installé et bien organisé dans votre nouvelle demeure.

Vos responsabilités de maître

Les lois relatives à la détention d'un animal domestique varient selon les pays. Sachez cependant qu'il vous faudra toujours respecter certaines règles au niveau national et peut-être local.

Les lois relatives aux chats domestiques

En général, ces lois sont édictées dans l'intérêt des animaux, mais aussi pour pallier les nuisances publiques et environnementales. Le propriétaire de l'animal mais également toute personne qui en a la garde sont légalement responsables de lui. Les délits sont sanctionnés, généralement par une amende, parfois par la confiscation de l'animal, éventuellement même par une peine d'emprisonnement.

Actuellement, en France, il n'existe pas de loi spécifique. Cependant, les intérêts des chats sont défendus par une législation s'appliquant à toutes les espèces domestiques.

Elle repose essentiellement sur les points suivants.

- La cruauté, physique ou mentale, envers un chat est une infraction. Personne n'a le droit de le battre, de lui donner des coups de pied, de le terroriser, de le porter dans des conditions douloureuses pour lui, de négliger de le nourrir ou de lui donner à boire. De même, il est condamnable de le laisser souffrir ou de ne pas le faire soigner s'il est malade ou blessé. Que ces actes soient accomplis par intention ou par négligence ne change rien. Nul n'est censé ignorer la loi.
- Il est délictueux d'abandonner un chat – même temporairement – sans raison ou excuse valables, de le laisser livré à lui-même comme s'il était égaré, ou de l'enfermer sans lui prodiguer les soins et les attentions nécessaires.
- Le maître, ou la personne qui a provisoirement la garde d'un chat, est tenu pour responsable de tout dommage qu'il causerait à autrui ou aux biens d'autrui.

LA FUGUE D'UN CHATON

Ne pensez pas que cela n'arrive qu'aux autres. Bien des gens de ma connaissance ont vécu cette expérience traumatisante. Pourtant, ils étaient tous persuadés d'être suffisamment attentifs pour éviter ce genre de situation. La plupart d'entre eux ont fini par retrouver leur aminal... mais pas tous.

Si vous pensez que votre chaton s'est égaré, si vous constatez que, contrairement à ses habitudes, il n'est pas encore revenu à la maison, ne tardez pas à réagir.

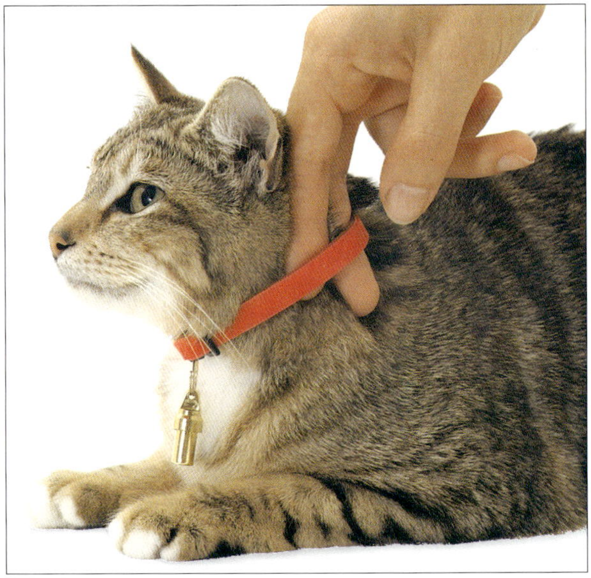

Par mesure de sécurité, pour que votre chaton ne s'étrangle pas, vous devez pouvoir glisser deux doigts entre son collier et son cou.

En général, les chats aiment explorer des lieux inconnus. Si votre chaton a disparu, peut-être s'est-il faufilé dans une pièce interdite. Peut-être s'est-il caché dans un endroit où vous n'auriez pas idée d'aller le chercher. Peut-être s'est-il aventuré dans l'abri de jardin, dans le garage, chez le voisin, voire même chez un commerçant du quartier, dans un bureau, une école...

Les premières recherches

Si votre chaton n'est pas rentré à l'heure habituelle, voici ce qu'il faut faire.

- Cherchez-le dans toute la maison. Si celle-ci est en travaux, regardez sous les parquets, dans les murs creux et dans les faux plafonds. Appelez votre petit compagnon par son nom. S'il est nourri avec un aliment déshydraté, essayez de l'attirer en secouant sa boîte de croquettes. Soyez attentif au moindre cri qu'il peut émettre s'il se trouve à portée de voix mais qu'il est enfermé quelque part..
- Si votre chaton n'apparaît pas et que vous êtes sûr qu'il n'est pas dans la maison, sortez et continuez à le chercher, à l'appeler, à secouer sa boîte de croquettes et à tendre l'oreille.

• Allez ensuite sonner à la porte de toutes les maisons proches de la vôtre. Rappelez-vous que, en fonction de son âge, du nombre de ses congénères vivant dans les environs et de votre lieu de résidence, son territoire peut couvrir 0,5 ha, voire davantage. Demandez à vos voisins de vérifier que le fugueur n'est pas chez eux ni dans leur jardin. Poursuivez ensuite vos recherches dans les lieux publics et les bureaux.

Le collier de votre chaton doit comporter une partie élastique, qui lui permettra de se distendre si votre animal risque de s'étrangler.

Les démarches officielles

Si vos investigations n'ont pas porté leurs fruits au bout de 12 heures, entreprenez d'autres démarches.

• Signalez la disparition de votre chaton à la police, aux refuges, aux vétérinaires, aux pensions pour chats et aux magasins spécialisés. Ratissez un large secteur. Laissez systématiquement une photo ainsi qu'une description de votre compagnon (voir ci-dessous).

• Si votre compagnon porte un tatouage ou une plaque d'identité (voir ci-contre), signalez sa disparition aux services du fichier national félin.

• Faites imprimer des affiches et placardez-les dans le quartier, notamment dans les lieux fréquentés.

• Plusieurs fois par jour, et surtout à l'aube et à la tombée de la nuit, faites le tour du quartier en l'appelant.

• Rendez-vous régulièrement dans les refuges que vous avez contactés.

• Même si vous ne retrouvez pas rapidement votre chaton, ne désespérez pas. Il reviendra peut-être vers vous dans plusieurs mois : les cas de ce genre ne sont pas exceptionnels.

L'identification

Si votre chaton disparaît, vous le retrouverez plus facilement s'il porte une marque d'identité enregistrée dans une base de données nationale. Une description de votre compagnon, avec le détail de ses mensurations, vous aidera aussi dans vos investigations (voir encadré ci-dessous).

La puce sous-cutanée sera sans doute commercialisée en France en 1998, mais il faudra que tous les intervenants appelés à identifier les animaux soient équipés d'un transpondeur, ce qui ne se fera pas en un jour. Les colliers avec plaque d'identité ne sont pas éternels ; les chats les perdent souvent. Actuellement, l'immatriculation des chats se fait par tatouage, sous anesthésie générale, par les seuls vétérinaires. Les numéros et les cartes leur sont vendus par le fichier félin, géré par le syndicat des vétérinaires, seul habilité auprès du ministère de l'Agriculture.

L'implantation d'une puce • La puce, aujourd'hui disponible dans les pays anglo-saxons, est un minuscule dispositif que l'on place sous la peau du chaton, généralement dans le cou. Contrairement à ce que l'on croit, elle n'émet pas de signal électronique permanent. En revanche, le programme unique qu'elle renferme ne peut être décrypté que par un transpondeur, qui n'est sensible qu'à très courte distance. L'implantation de ce minuscule appareil n'est pour la plupart des chats pas plus désagréable qu'un vaccin de routine. L'avantage d'une puce, c'est sa permanence. Son inconvénient, c'est qu'on ne devine pas immédiatement sa présence. Et la personne qui retrouvera votre chaton pensera-t-elle à le soumettre au verdict d'un transpondeur ?

LA DESCRIPTION DE VOTRE CHATON

Qu'il soit ou non immatriculé par tatouage, faites régulièrement une description précise de votre chaton, en notant son apparence et ses mensurations. Photographiez-le sous plusieurs angles, avec un bon éclairage. Dessinez sa silhouette et indiquez-y ses particularités, telles que marques et cicatrices bien apparentes, quoique invisibles sur les clichés. Précisez la couleur de ses yeux. Tous ces éléments réunis constitueront une fiche signalétique précise, que vous ferez circuler en cas de disparition de votre animal.

Cette puce comporte un programme d'identité unique, décryptable au moyen d'un transpondeur. Elle est glissée sous la peau du chaton à l'aide d'une aiguille spéciale.

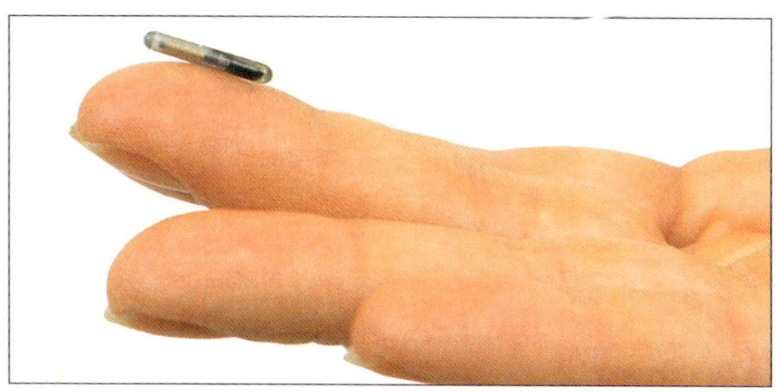

La santé et l'hygiène

La santé de votre chaton ne dépend pas que de quelques visites médicales. Vous devrez lui prodiguer toute une série de soins. Il faudra l'examiner régulièrement, le toiletter, vérifier qu'il n'a pas de parasites. Vous devrez aussi consulter régulièrement votre vétérinaire afin qu'il contrôle sa croissance et qu'il le vaccine.

Les cabinets vétérinaires

Vous serez rassuré de savoir que vous pourrez faire appel aux compétences d'un vétérinaire 24 heures sur 24 et 365 jours par an. Même les cabinets qui ne sont ouverts qu'aux heures ouvrables vous renverront en cas d'urgence vers un service de garde.

LE PERSONNEL

Le personnel d'un cabinet vétérinaire soignera votre chaton s'il est malade. Il vous offrira toute une gamme de services propres à maintenir votre petit compagnon en bonne santé. Cette médecine préventive comprend les vaccinations, le contrôle parasitaire, les soins dentaires et les conseils en diététique.

Un certain nombre de gens jouent un rôle clé dans le fonctionnement quotidien d'une clinique vétérinaire. Vous rencontrerez plus souvent les uns que les autres. Cependant, ils ont tous leur importance dans la cohésion de l'équipe.

La réceptionniste

C'est sans doute la première personne que vous croiserez. Elle prendra vos rendez-vous, répondra à vos questions, encaissera les honoraires et s'assurera de votre bien-être. Elle sera souvent suffisamment expérimentée pour vous donner des conseils généraux en matière de santé animale.

Les vétérinaires

Bien que certains vétérinaires soient des spécialistes de telle ou telle espèce, tous sont capables de soigner n'importe quel animal, du plus grand au plus petit. Celui que vous aurez choisi ne sera pas seulement le médecin de votre chaton, il sera également son chirurgien, son dentiste, son anesthésiste, son pharmacien et, éventuellement, son psychologue.

Les auxiliaires vétérinaires

Très compétents, ils forment l'armature du cabinet. Ils préparent la salle d'opérations, assistent le docteur, prennent soin des pensionnaires, s'occupent du comptoir de vente, participent aux analyses de laboratoire : la plupart des vétérinaires pratiquent en effet leurs analyses courantes.

Les cabinets vétérinaires emploient un personnel compétent, qui prodiguera à votre petit patient les meilleurs soins.

LE COÛT DES SOINS VÉTÉRINAIRES

Les cabinets vétérinaires sont privés et tous les soins prodigués à votre chaton seront à votre charge. Il existe cependant des assurances maladie pour animaux, auxquelles leurs propriétaires peuvent souscrire pour faire face aux dépenses de santé imprévues (voir page 105). Je vous recommande vivement d'en souscrire une pour votre chaton.

L'aide-soignant

Non diplômé, mais passionné, c'est souvent un jeune qui a quitté l'école ou un futur auxiliaire qui souhaite acquérir quelque expérience tout en poursuivant ses études. Il a pour tâches principales de nourrir les pensionnaires, de leur faire faire de l'exercice et de tenir les salles de soins propres.

Les autres catégories de personnel

La plupart des cliniques vétérinaires emploient encore d'autres professionnels, éventuellement à temps partiel. Un comptable, par exemple, capable de gérer le cabinet, notamment financièrement, ou bien encore du personnel de secrétariat et de ménage. Vous aurez sans doute l'occasion de les rencontrer.

L'agencement d'une clinique vétérinaire

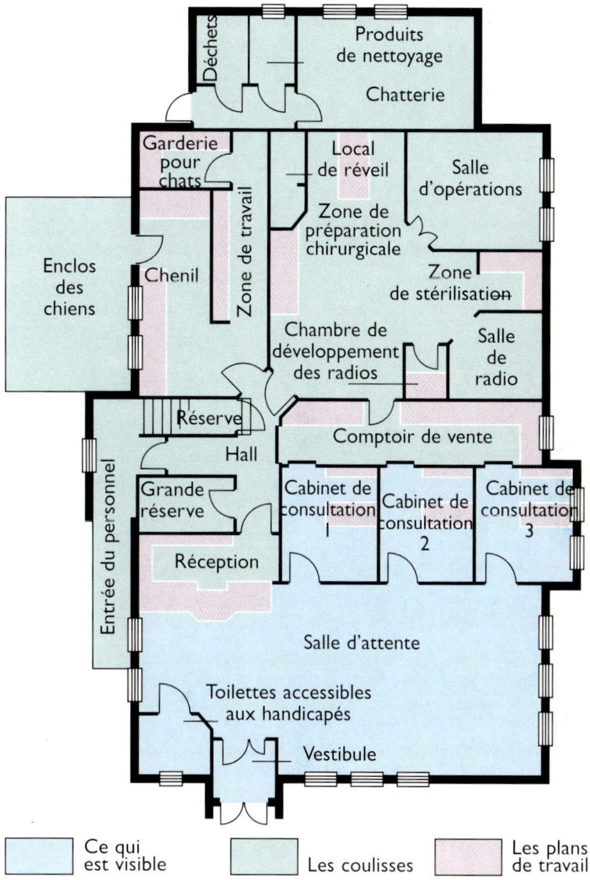

Bien que la plupart des installations ne soient pas accessibles au public, le personnel sera heureux de vous les faire visiter.

LA VARIÉTÉ DES CABINETS VÉTÉRINAIRES

La structure des cabinets est très variable. Certains disposent du personnel et de l'équipement nécessaires pour soigner tous les patients. D'autres ne prennent en charge que les animaux de compagnie, chats et chiens.

Les plus grands et les mieux équipés sont les cliniques vétérinaires, qui se définisssent en France par l'existence d'une salle de chirurgie séparée de la salle de consultation, d'appareils de réanimation et, plus important encore, d'une pièce permettant à une personne de dormir sur place. Les plus petits ne disposent pas d'équipement chirurgical lourd et ne peuvent assurer l'hospitalisation de longue durée ; ils travaillent souvent en relation avec une clinique.

LES SERVICES PROPOSÉS

Le type, la nature et la multiplicité des services offerts par un cabinet vétérinaire dépendront des compétences des personnes qui y travaillent. Certains établissements offrent un large éventail de prestations aux propriétaires de chats et de chiens. D'autres sont plus spécialisés (par exemple, certains d'entre eux ne prennent en charge que les animaux qui leur sont adressés par d'autres vétérinaires pour des pathologies particulières). Pour être sûr de choisir celui qui conviendra le mieux pour votre chaton (voir aussi pages 104 et 105), attachez-vous aux points suivants.

Les soins d'urgence

Outre les tours de garde assurés par la plupart des vétérinaires, certaines cliniques reçoivent les urgences 24 heures sur 24. Les grandes agglomérations ont même vu se créer des services d'urgence à domicile. Si vous avez besoin d'une assistance en dehors des heures ouvrables, téléphonez à votre cabinet. Lorsque celui-ci est fermé, un répondeur téléphonique (ou un transmetteur d'appels) vous adressera à un vétérinaire de garde. Répondez avec précision à toutes les questions que l'on vous posera sur les symptômes présentés par votre chaton et écoutez attentivement les instructions ; notez-les.

Peut-être vous conseillera-t-on d'attendre le lendemain. Si le cas est douteux, une visite à domicile sera indispensable. Mais il vaut toujours mieux aller directement au cabinet vétérinaire équipé de tout un matériel de soins impossible à transporter chez vous.

Des équipements sophistiqués permettent de diagnostiquer et de traiter de nombreuses affections félines nécessitant une intervention médicale ou chirurgicale.

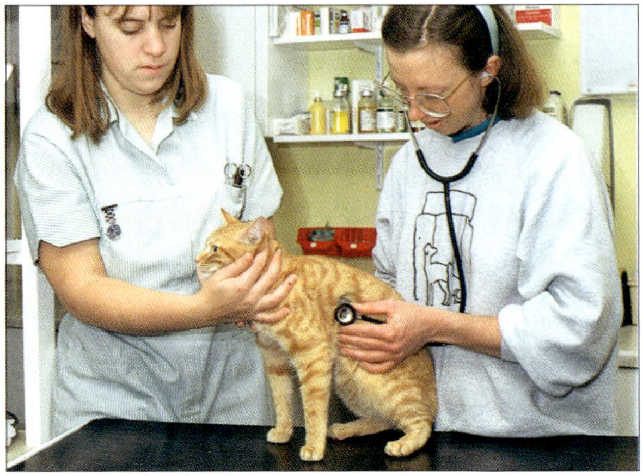

Le vétérinaire se fait souvent aider par une auxiliaire de santé animale qui maintient et calme votre chaton pendant l'examen.

Les consultations

Durant les heures ouvrables du cabinet, vous pourrez consulter le vétérinaire, qui examinera votre chaton s'il est malade ; vous évoquerez à ce moment tout problème relatif à la santé de votre petit compagnon.

Dans certains cabinets, les problèmes mineurs sont traités directement par un auxiliaire vétérinaire. Il est parfaitement capable de vous conseiller dans différents domaines, celui de l'alimentation notamment.

La durée d'une consultation est variable. Cependant, elle n'est jamais inférieure à 15 min. Ce temps représente le minimum indispensable si l'on veut examiner un chat, questionner son maître, établir un diagnostic et décider d'un traitement. Les honoraires des vétérinaires sont fixes. À cette somme s'ajoute, éventuellement, le prix des examens pratiqués et des médicaments ou autres produits administrés. Les tarifs sont toujours affichés dans la salle d'attente.

Vous pouvez aussi consulter sans rendez-vous. Dans ce cas, il y aura sûrement un peu d'attente.

Le diagnostic

Si votre chaton est malade, le vétérinaire effectue différents examens. Il commence par les plus classiques, qui font appel au stéthoscope, au thermomètre, à l'oroscope et à l'ophtalmoscope (instruments destinés à examiner en détail les oreilles et les yeux de votre animal). Des examens plus complexes peuvent ensuite être nécessaires : analyses de sang, radiographie, électrocardiogramme (qui permet de mesurer l'activité électrique cardiaque), endoscopie (au cours de laquelle on explore les cavités corporelles avec une caméra extrêmement fine et longue) ou encore scanner, dans des centres très spécialisés.

Certains examens se font après administration d'un sédatif, voire sous anesthésie générale. Le cas échéant, votre chaton sera hospitalisé.

Les médicaments

Dans la plupart des cas nécessitant la prise de médicaments, la première dose sera administrée en cours de consultation. Ensuite, vous continuerez le traitement chez vous. La plupart des vétérinaires disposent, sur place, d'une réserve pharmaceutique et fournissent eux-mêmes les médicaments, en précisant sur une ordonnance la façon de les utiliser.

Le recours aux spécialistes

Aucun cabinet ne pourra vous offrir toute la gamme des services de santé dont votre chat aura besoin au cours de son existence. Ils ne peuvent en effet réunir tout l'équipement et toutes les compétences nécessaires. Si l'état de votre petit animal nécessite un traitement très spécial, votre vétérinaire l'adressera sans doute à l'un de ses confrères (voir page 105). Éventuellement même, il vous conseillera de faire appel à un spécialiste, par exemple un comportementaliste, un opthalmologiste ou un orthopédiste.

La chirurgie

Détartrer et polir les dents, castrer les mâles et stériliser les femelles, pratiquer l'ablation d'un griffe cassée, recoudre une plaie, réduire une fracture ou retirer un utérus infecté sont des actes chirurgicaux : tous les vétérinaires peuvent les pratiquer. Il faut cependant qu'ils disposent d'un équipement d'anesthésie, d'une salle d'opérations pourvue du matériel approprié et d'une salle de réveil. Certains cabinets offrent des services supplémentaires : laser, cryothérapie et autres techniques de pointe. La complexité de l'opération sera bien sûr plus ou moins grande, et certains vétérinaires préfèrent parfois faire appel à un confrère.

Les honoraires de chirurgie prennent en compte les anesthésiques, le temps passé en salle d'opérations et tous les accessoires nécessaires à l'intervention : compresses, sutures, seringues, aiguilles, champs opératoires...

Si votre chaton doit subir cette épreuve, sachez qu'elle vous coûtera cher. Car les compétences requises sont les mêmes pour opérer un homme ou un animal. Et le matériel utilisé est assez semblable.

Des services pour les chats bien portants

Votre cabinet vétérinaire dispose de toute une gamme de produits et propose de nombreuses prestations pour vous aider à maintenir votre chaton en bonne santé. Bien sûr, avant toute chose, il assurera les vaccinations de votre animal (voir pages 118 à 121).

Mais il pourra aussi vous proposer une sélection de produits de soins dentaires, antiparasitaires ou autres. En outre, aujourd'hui, il a presque toujours en dépôt une large gamme d'aliments complets, complémentaires et de régime. Mais il ne se contentera pas de vous les vendre ; il vous aidera à choisir celui qui conviendra le mieux à votre chaton et vous indiquera comment l'utiliser correctement. Certains auxiliaires vétérinaires sont particulièrement compétents dans tous les domaines relatifs à la santé de votre animal, notamment en ce qui concerne son alimentation et son comportement.

Les auxiliaires de santé animale connaissent bien tous les soins à prodiguer aux animaux domestiques. Elles effectuent aussi la plupart des examens réguliers. Les balances électroniques, souvent utilisées pour de plus gros animaux, sont maintenant très répandues.

Le choix d'un cabinet vétérinaire

Des études récentes ont montré que la plupart d'entre nous choisissent un cabinet vétérinaire pour sa proximité ; cependant, les chapitres précédents vous auront appris que tous les établissements n'offrent pas exactement les mêmes services.

Le centre le mieux situé pour vous sera peut-être aussi celui qui vous conviendra, mais ne vous précipitez pas : envisagez d'autres solutions en suivant le guide qui vous est proposé ci-dessous.

Il est d'ailleurs préférable que vous vous décidiez à l'avance, car vous pourrez alors demander conseils et informations avant même d'accueillir votre chaton, ce qui vous évitera d'être pris au dépourvu.

Les critères du choix

1 Recherchez dans les Pages jaunes de l'annuaire de votre région les adresses des cabinets vétérinaires et établissez la liste de ceux qul se trouvent à moins de 30 min de voiture, le temps de trajet maximal en cas d'urgence. Demandez à ceux de vos amis qui possèdent un chat s'ils connaissent les vétérinaires que vous avez retenus et ce qu'ils en pensent.

À la fin de leurs études, de nombreux vétérinaires peuvent désormais se consacrer à une discipline particulière, comme l'orthopédie (ci-dessous). Votre chaton aura peut-être un jour besoin d'être orienté vers un de ces spécialistes.

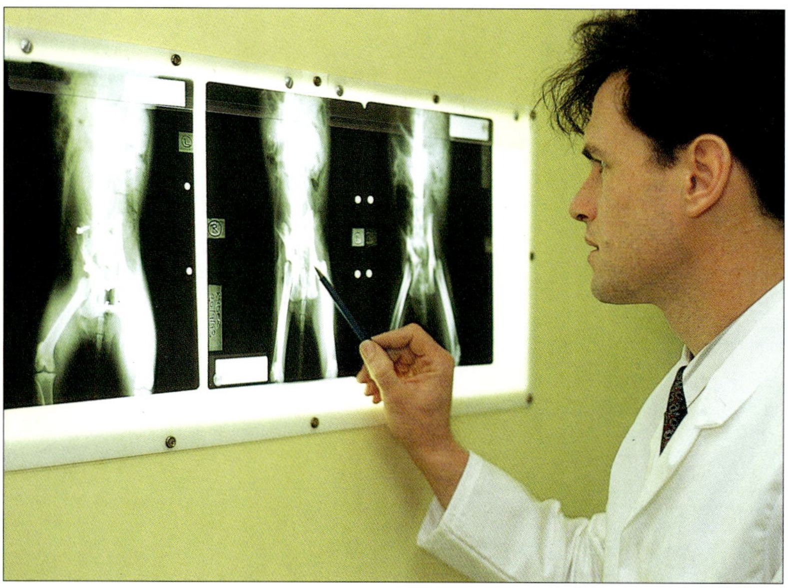

2 Sélectionnez ensuite ceux qui sont plus particulièrement spécialisés en médecine des animaux de compagnie.

3 Rendez-vous sur place et soyez attentif à certains détails, qui ont leur importance :
• les difficultés éventuelles du trajet ;
• la facilité d'accès aux locaux si vous avez des difficultés à marcher ;
• les possibilités de parking ;
• l'état d'entretien des lieux ;
• la présentaton et le comportement du personnel de la réception ;
• l'accueil réservé aux clients présents.

Profitez-en pour vous informer sur les différents services proposés (voir pages 102 et 103), sur les heures d'ouverture et sur les tarifs des différents actes (affichés dans la salle d'attente). De nombreux cabinets proposent aujourd'hui une brochure rassemblant toutes ces précisions.

Peut-être même pourrez-vous demander à visiter les équipements vétérinaires.

4 Muni de ces informations, et sans oublier le point de vue de vos amis, raccourcissez votre liste. Éliminez systématiquement tout cabinet qui aurait refusé catégoriquement de vous ouvrir ses locaux : vous êtes en effet en droit de supposer qu'il a quelque chose à cacher. Tous les bons vétérinaires accepteront votre demande de visite, en dehors d'une urgence ou d'une surcharge de travail momentanée.

5 Lors de vos visites, faites-vous, si possible, accompagner : deux avis valent mieux qu'un. Essayez de discuter un peu avec les membres du personnel. Notez plus particulièrement les points suivants :
• la propreté générale et le bon état des installations ;
• la cordialité de l'accueil et le comportement professionnel des personnes que vous rencontrez.

6 Une fois rentré chez vous, au calme, réfléchissez bien à tout ce que vous avez vu et entendu dans chaque cabinet : vous avez tous les éléments pour faire votre choix.

L'AVIS D'UN CONFRÈRE

Si votre chaton est souffrant et que son état ne semble pas s'améliorer en dépit du traitement, votre vétérinaire pourra le faire examiner par un confrère. S'il faut diriger votre animal vers un ophtalmologiste, un dermatologue, un comportementaliste, c'est lui-même qui prendra rendez-vous. Mais vous pouvez solliciter de votre propre chef un second avis sur l'état de votre chaton. Cependant, certains spécialistes n'acceptent d'examiner que les cas qui leur sont adressés par un confrère.

Un nouveau vétérinaire

Vous devrez peut-être quitter un excellent vétérinaire tout simplement parce que vous déménagerez. Votre nouveau choix se fera selon les mêmes critères que précédemment (voir page ci-contre) Quand vous inscrirez votre chaton, on vous demandera au secrétariat le nom et l'adresse de l'ancien cabinet, qui transmettra alors le dossier médical de votre animal. Mais vous pouvez aussi vouloir changer de vétérinaire parce que vous n'en êtes pas satisfait. Cependant, avant de prendre une décision hâtive, sachez que le problème n'est souvent dû qu'à un manque de communication, et le dialogue suffira à le faire disparaître. Il serait dommage de quitter un bon cabinet sur un simple malentendu.

L'ASSURANCE MALADIE

Le coût des interventions vétérinaires dont votre chat aura besoin durant sa vie est le seul poste budgétaire qu'il vous sera impossible de calculer à l'avance. Si vous êtes capable d'estimer approximativement le coût annuel des soins préventifs, tels que le contrôle parasitaire (voir pages 114 à 117) ou les vaccinations (voir pages 118 à 121), vous ne pourrez jamais prévoir une maladie ou une blessure. Et s'il doit être soigné, vous serez incapable d'imaginer le traitement dont il aura besoin et encore moins sa durée.

Sans doute le coût des soins vétérinaires demeure-t-il inférieur à celui de soins médicaux comparables mais, quand ils n'ont pas été prévus, ils font un trou fort désagréable dans un budget.

Il est cependant aujourd'hui possible d'assurer les animaux pour le coût de leurs soins, et de nombreuses compagnies offrent tout un choix de contrats adaptés.

Pour une prime annuelle, la plupart des polices garantissent le remboursement de tous vos frais vétérinaires, dans la limite d'un certain plafond ; une franchise, à taux variable, restera cependant à votre charge. Certaines compagnies couvrent en outre d'autres risques. Avant de signer, lisez très attentivement les clauses du contrat, y compris les passages en tout petits caractères. Si vous avez le moindre doute, demandez conseil à un juriste.

Je ne saurai trop vous recommander de prendre ce genre d'assurance maladie. Pour vous en convaincre, imaginez l'inquiétude du maître d'un chaton, déjà éprouvé par la maladie de son animal, et confronté au problème du coût financier que celle-ci va représenter.

Dans le meilleur des cas, un tel contrat assurera :
• le remboursement des honoraires du vétérinaire pour maladies et accidents, acupuncture, homéopathie, hospitalisation, orientation vers un spécialiste ou un établissement spécialisé ;
• le remboursement du prix de votre chaton s'il est décédé d'accident ou de maladie, ou s'il est perdu, qu'il ait été volé ou qu'il ait fugué ;
• le remboursement des frais d'affichage et le montant de la récompense promise si votre animal a disparu ;
• le remboursement des frais de pension si vous êtes hospitalisé pendant plusieurs jours ;
• le remboursement du coût de résiliation de vos vacances si votre chaton doit être opéré sept jours avant votre départ ou pendant cette période de congé.

Des frais imprévus sont parfois une charge très lourde. Ce tableau indique le coût supporté pendant la première année par le propriétaire d'un chaton de race accidenté.

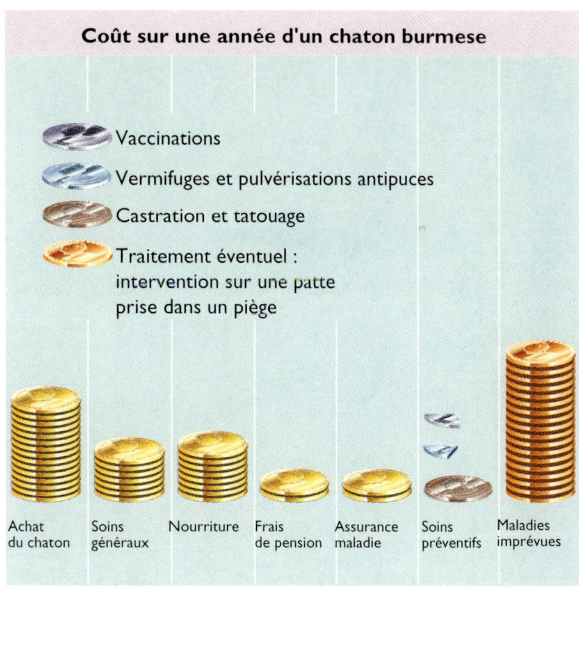

Le guide des soins

Vous êtes un membre essentiel de l'équipe soignante de votre chaton ; en fait, vous êtes même le plus important. En tant que maître, vous serez le principal responsable de son régime alimentaire, de ses stimulations physiques et psychiques, de ses soins quotidiens. Vous serez aussi le premier à constater qu'il est souffrant et à le présenter à votre vétérinaire, au bon moment et à bon escient.

Le but du bilan de santé hebdomadaire

Cependant, les signes et les symptômes de nombreuses affections ne sont pas toujours évidents ; prenez donc très tôt l'habitude de faire un bilan de santé élémentaire au moins une fois par semaine. En examinant ainsi attentivement votre chaton, vous détecterez plus facilement ses petits problèmes de santé avant qu'ils ne deviennent critiques.

De nombreux propriétaires de chats sont incapables de maintenir correctement leur animal. Ils ont beaucoup de mal, et même ne parviennent pas, à effectuer des gestes simples et indispensables, tels que l'examen des pattes ou l'inspection de la bouche. C'est souvent parce que leurs chats se montrent agressifs et ne veulent pas se laisser faire. Ces animaux ignorent bien sûr qu'ils sont leurs propres ennemis ; en effet, en refusant de se laisser manipuler, ils empêchent leur maître de détecter certaines affections. Il faut comprendre qu'ils ressentent mal ce genre d'inspection, mais il est possible d'atténuer cette appréhension, et même de l'éviter.

Le contact avec votre chaton

Si vous instaurez des bilans de santé systématiques dès l'arrivée de votre chaton, il s'habituera rapidement à rester tranquille pour vous laisser examiner les parties les plus sensibles de son corps. En grandissant, il considérera ce moment comme une routine et un événement tout à fait banal. Il n'appréciera jamais beaucoup ces séances, mais les tolérera patiemment. Avec un peu de temps et de pratique, vous apprendrez vous-même à être plus doux et plus efficace ; les bilans seront plus courts et moins traumatisants pour chacun.

Le bilan de santé de base

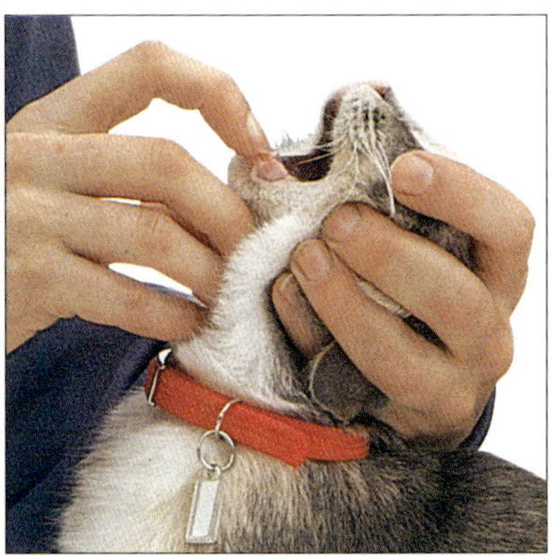

La bouche

Surveillez l'apparition des anomalies suivantes :
- gencives rouges ou enflammées ;
- taches brunes sur les dents, surtout à la jonction avec la gencive ;
- dents cassées ;
- mauvaise haleine ;
- corps étrangers.

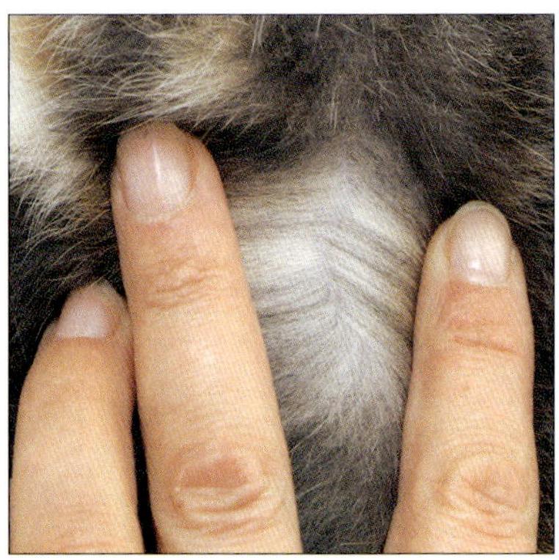

Les poils et la peau

Surveillez l'apparition des anomalies suivantes :
- poils gras ou pellicules ;
- chute de poils ;
- régions cutanées enflammées ;
- odeur anormale du pelage ;
- corps étrangers (puces) ;
- poils emmêlés (voir page 102).

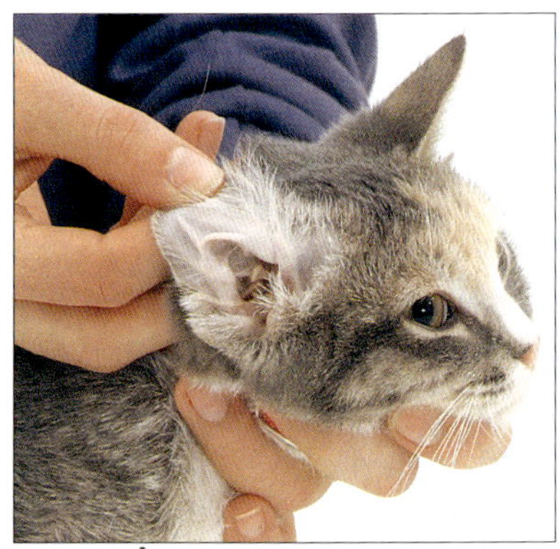

Les oreilles

Surveillez l'apparition des anomalies suivantes :
- écoulement des oreilles ;
- saletés ou débris à l'orifice des oreilles ;
- orifices ou pavillons enflammés ;
- odeur anormale des conduits auriculaires.

La pratique

Quand ? Vous choisirez bien sûr le moment qui vous convient le mieux, mais n'interrompez pas votre chaton quand il joue ; attendez qu'il soit calme. À cette occasion, pesez-le, mais toujours au même moment de la journée : les variations de poids qui interviennent sur une période de 24 heures sont trompeuses.

Où ? Vous examinerez plus aisément votre chaton si vous le placez sur une table à bonne hauteur (recouverte d'un tissu antidérapant) plutôt qu'au sol. S'il est trop remuant, faites-vous aider.

Qui ? Tous les membres de la famille devraient participer à ces bilans de santé. Ils représentent en effet une excellente occasion de créer des liens avec l'animal ; en outre, si celui-ci prend l'habitude d'être manipulé par plusieurs personnes connues, il réagira beaucoup mieux quand il le sera par des étrangers, notamment par votre vétérinaire.

LA PESÉE DU CHATON

Pour peser votre animal sur un pèse-personne, il suffit de le mettre sur la balance dans son panier (après avoir, bien sûr, pesé le panier !).

Mais, dans les toutes premières semaines, votre chaton, trop léger, fera à peine bouger l'aiguille. Utilisez alors une balance de cuisine électronique (voir page 65), en prenant soin de nettoyer le plateau avant d'y placer des ingrédients culinaires. Notez le poids de votre chaton après chaque pesée.

Le rôle du bilan de santé

Certains examens doivent impérativement se faire au cours des bilans de santé systématiques (voir ci-dessous). Ainsi, votre attention sera peut-être attirée par des taches noires sur des lèvres habituellement roses ; leur présence, fréquente, n'est pas forcément anormale. En revanche, si elles sont apparues brusquement, elles peuvent être le symtôme d'une affection. Utilisez vos sens de la vision, du toucher et de l'odorat pour repérer une éventuelle singularité dans l'apparence de votre chat, dans la palpation ou dans l'odeur qu'il dégage. Observez aussi son comportement quand vous le prenez dans vos bras : un mouvement d'humeur peut indiquer une douleur localisée.

L'observation

Chez le chat, un changement de comportement est souvent le signe avant-coureur d'une maladie. Avec le temps, vous apprendrez à connaître les réactions de votre animal. Soyez également très attentif à ses rythmes de sommeil, à sa consommation d'eau et de nourriture, et à ses déjections : de brusques changements doivent vous alerter.

Les pattes

Surveillez l'apparition des anomalies suivantes :

- griffes trop longues ;
- griffes fendues ou friables ;
- coussinets endommagés ;
- poils emmêlés entre les coussinets ;
- corps étrangers.

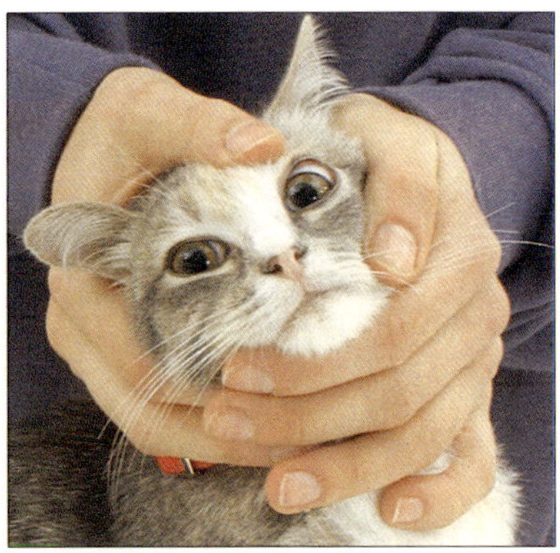

Les yeux

Surveillez l'apparition des anomalies suivantes :

- traces de larmes autour de yeux ;
- intérieur des paupières rouge ;
- 3e paupière (membrane nictitante) recouvrant en partie l'œil ;
- aspect trouble du globe oculaire ;
- zones ternes à la surface de l'œil.

Le toilettage

La peau du chat est l'organe le plus étendu de son corps : chez l'adulte, elle représente une superficie de 0,25 m^2. Résistante mais élastique, elle enveloppe et protège son squelette, ses muscles et ses organes vitaux, mais elle remplit aussi de nombreuses autres fonctions très importantes.

Cette peau, organe du toucher, est ainsi sensible à la pression, à la douleur, aux démangeaisons, au froid, au chaud ; elle contient aussi diverses substances telles que de l'eau, des vitamines, des matières grasses, des hydrates de carbone, des protéines. Cependant, son rôle majeur réside dans la production de la fourrure, des griffes et des coussinets des pattes.

Pour votre chat, peau et fourrure constituent un remarquable rempart biologique, absolument vital. Or les affections cutanées sont les problèmes les plus fréquents que rencontrent les vétérinaires chez les chatons. En toilettant régulièrement le vôtre, en lui assurant un régime alimentaire équilibré et de bonne qualité, en luttant contre les infestations parasitaires, notamment celles des puces (voir pages 116 et 117), vous mettrez toutes les chances de son côté pour que son pelage soit au mieux de sa forme.

LES POILS

Le poil est un élément mort ; seule sa racine est vivante. Principalement constitué de protéines, il est produit par de petites formations en forme de sac, les follicules pileux (ou racines), situées dans la profondeur de la peau. Le régime alimentaire du chat influe fortement sur la qualité et la quantité de sa fourrure.

Les chats possèdent trois types de poils, appelés garde, jarre et sous-poil. Les premiers, épais et raides, s'effilochent en fines pointes ; la jarre se compose de poils raides et durs mais plus fins et légèrement renflés à leur extrémité ; enfin le sous-poil (ou duvet) est fait de poils frisottés ou ondulés, les plus fins de tous.

Les types de robe

Les poils les plus longs d'un chat à poil court mesurent en moyenne 4,5 cm, alors que ceux d'un chat à poil long atteignent parfois plus de 12 cm. La plupart de nos chats domestiques ont le poil court de leur lointain ancêtre, le chat sauvage d'Afrique (voir pages 8 et 9). Les éleveurs ont obtenu toutes les autres robes en sélectionnant des sujets au pelage inhabituel et en les faisant se reproduire entre eux (croisement).

Le toilettage d'un chaton à poil long

1 À l'aide d'une brosse à lisser et en partant de l'extrémité des pattes, brossez doucement, par petits mouvements successifs, et en profondeur. Puis passez au reste du corps, et terminez par la tête, le cou et la poitrine.

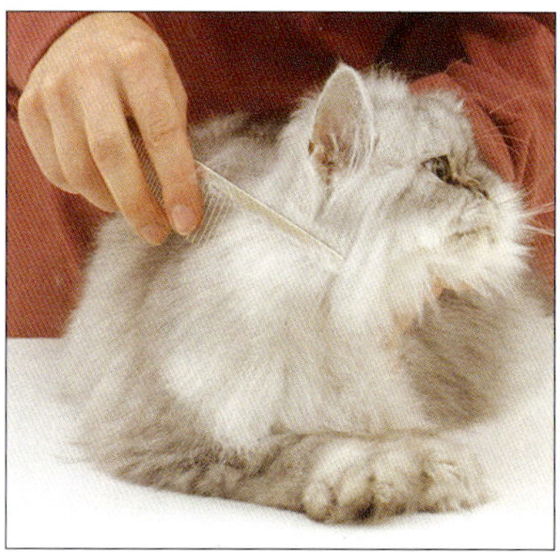

2 Répétez l'opération en utilisant un peigne métallique pour enlever les poils morts. Si votre chat a un pelage très fourni, vous serez très attentif à sa barbe, à ses aisselles, au dessous de la queue et à l'arrière des cuisses.

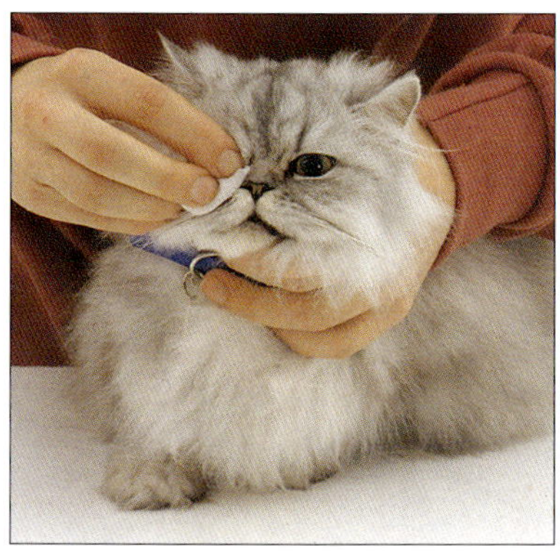

3 Complètez le toilettage en essuyant les écoulements qui souillent éventuellement le tour des yeux, ou l'intérieur du pavillon des oreilles.Vous pouvez le faire avec un coton à démaquiller trempé dans de l'eau propre.

LE MATÉRIEL POUR LE TOILETTAGE

Il vous faudra avant tout une brosse, un peigne et des cotons à démaquiller. Mais toute une panoplie d'autres instruments s'offre à vous. Si votre chaton a le poil long, ou si son pelage est peu commun, n'hésitez pas à demander l'avis d'un toiletteur professionnel, qui vous conseillera. En outre, il vous indiquera volontiers comment utiliser ces instruments, surtout si vous venez de temps en temps à son salon pour un toilettage complet.

Les chats rex ont un pelage à poil bouclé et frisé (voir page 47), les chats à poil dur, un poil rêche, frisé irrégulièrement et se terminant en crochet, les sphynx (ou « chats nus »), un poil très court, d'une finesse extrême, dont le contact rappelle celui du daim.

Les couleurs de robe

Les chats de couleur pâle et d'une teinte différente aux extrémités, comme les siamois, ont une fourrure dont la couleur varie en fonction de la température extérieure : plus celle-ci est élevée, plus ils sont clairs. C'est pourquoi les chatons de ces espèces sont peu colorés à la naissance, et que les adultes vivant à l'intérieur sont, sous nos climats assez frais, plus pâles que ceux qui restent au dehors.

La surdité congénitale se rencontre plus souvent chez les chats blancs aux yeux bleus. On raconte que Charles Darwin prétendait que tous ces animaux naissent sourds. Une affirmation parfaitement fausse : certains d'entre eux ont en effet une ouie tout à fait normale, et la surdité qui affecte la plupart des chats blancs aux yeux bleus n'est parfois que partielle.

La robe et le caractère

Plusieurs experts pensent que la couleur d'un chat va de pair avec un certain type de caractère. La question n'est pas encore réglée, mais certains reconnaissent que les chats noirs, blanc et noir, ou tigrés sont plutôt agréables. D'autres, dont je fais partie, ont remarqué que les chats écaille-de-tortue sont plutôt fougueux, voir violents (précision : les vraies écaille-de-tortue calmes sont toujours des femelles).

Quelques informations sur le pelage

- Les poils du chat s'orientent dans des directions différentes selon les parties du corps. Normalement, le poil est couché d'avant en arrière le long du tronc, et descend vers le sol le long des pattes. Cette implantation réduit la résistance à l'air quand l'animal se déplace, et permet à l'eau de s'écouler sans mouiller la peau.
- Le poil ne pousse pas d'une manière continue, mais par cycles. Il poursuit sa croissance jusqu'à ce qu'il atteigne une certaine longueur, qui dépend du programme génétique de l'individu. Il s'arrête alors de grandir, mais peut rester en place plusieurs mois avant d'être arraché par frottement ou durant le toilettage, ou d'être expulsé par l'apparition d'un nouveau poil.
- Les chats ont beau perdre beaucoup de poils, ils ne semblent jamais — sauf exception – pelés, car ils n'ont pas deux poils côte à côte qui soient à un moment donné au même stade de leur cycle.
- La plupart des chats perdent leur fourrure épaisse à la belle saison. À ces époques de l'année, certains d'entre eux produisent une quantité de poils représentant une longueur totale de plus de 1 km par jour !

L'importance du toilettage

Bien que certaines races à fourrure particulière aient besoin d'un toilettage encore plus poussé, tous les chats tirent un grand bénéfice de soins fréquents et réguliers. Un pelage emmêlé, enchevêtré ou sale isole beaucoup moins bien le corps de l'animal, et ne protège plus la peau des agressions extérieures. Elle sera alors plus vulnérable aux affections et aux maladies.

LE DÉMÊLAGE DE LA FOURRURE

La plupart du temps, un nœud se forme quand des poils déracinés se sont emmêlés aux autres. Cette situation est généralement due à un mauvais toilettage. Si vous rencontrez un nœud dans le pelage de votre chaton, ne tirez surtout pas sur la brosse ou le peigne.

Pour défaire ce nœud, il vous faudra un instrument spécial, appelé peigne à démêler. En tenant d'une main la base du nœud, remontez cet instrument vers l'extrémité des poils : vous les démêlerez ainsi petit à petit. Puis brossez le reste de la fourrure avec une brosse à lisser.

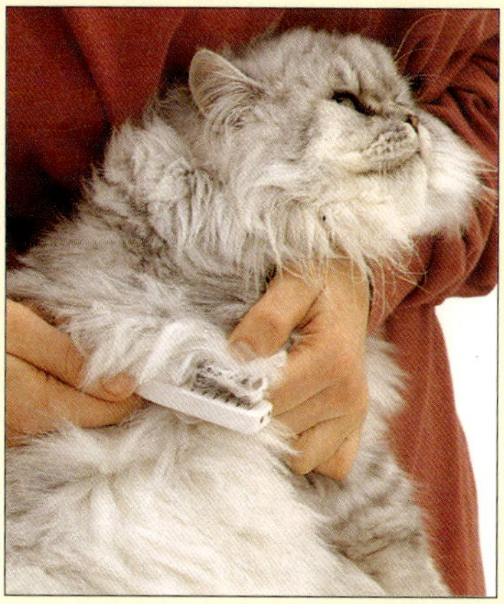

LE TOILETTAGE D'UN CHATON À POIL COURT

Même si vous pensez qu'il est inutile de toiletter un chaton à poil court, un brossage lui fera toujours du bien. Utilisez d'abord une brosse à lisser pour éliminer les poils sales ou morts. Commencez par les zones les moins sensibles du corps et nettoyez la totalité de la fourrure. Continuez en passant le peigne, et terminez en essuyant le tour des yeux et le pavillon des oreilles.

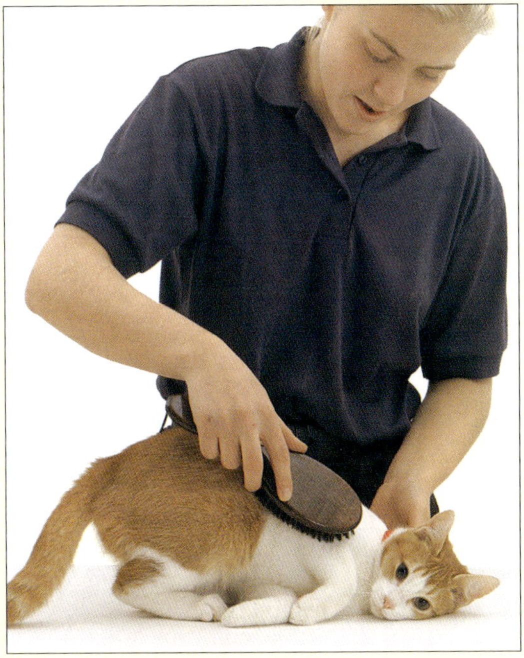

Les chats sauvages doivent entretenir seuls leur fourrure, avec leur langue (comme une brosse) et leurs dents (comme un peigne). Les chats domestiques paraissent souvent plus élégants parce que leur pelage a perdu de son naturel au profit de la « mode » grâce aux croisements sélectifs des éleveurs. Les chats à fourrure très particulière sont plus exposés que d'autres aux problèmes d'emmêlement des poils (voir page 109) et ils sont incapables de les résoudre eux-mêmes ; c'est donc leur maître qui doit les y aider.

Le bon moment

Certains chats apprécient beaucoup le toilettage, mais la plupart de ceux qui le redoutent n'y ont pas été habitués quand ils étaient jeunes. Il est donc important que vous preniez l'habitude de le pratiquer tous les jours dès l'arrivée de votre chaton. Vous le ferez quand votre animal est assoupi et détendu : un des meilleurs moments est peut-être celui qui suit le repas.

Dans un premier temps, vous ne lui brosserez que le dos, pendant quelques minutes. Arrêtez dès qu'il fait mine de partir ; passez ensuite quelques instants à le caresser pour le récompenser de son calme. Petit à petit, augmentez la durée et l'étendue du toilettage en gagnant les parties les plus sensibles du corps, telles que le dessous de la queue, ou l'entrecuisse.

Le temps que vous consacrerez à ces soins dépend du type de fourrure de votre animal. Dans l'idéal, tous les chats devraient être minutieusement toilettés une fois par semaine, et pour certains, plus souvent encore. Profitez de cette occasion pour effectuer le bilan de santé hebdomadaire (voir pages 106 et 107).

Le lieu adéquat

Toilettez toujours votre chaton au même endroit : il s'y habituera d'autant mieux. Il faut surtout qu'il se sente bien ; il sera dès lors plus facile à manipuler. Selon les cas, il se sentira mieux sur vos genoux, ou bien il préférera une table recouverte d'un tissu antidérapant.

La participation de tous

Le toilettage est une excellente façon de pratiquer quelques interventions indispensables, mais aussi d'entretenir de bons rapports avec le chaton. Toute la famille est donc concernée. Pourquoi ne pas en faire un moment de plaisir ? À chacun son tour !

La taille des griffes

Demandez à votre vétérinaire, dès les premières visites, de vous montrer quelle est la longueur idéale des griffes de votre chat ; vous pourrez ensuite la vérifier et vous assurer de leur bon état (voir page 107). Ne vous risquez jamais à couper les griffes sans avoir vu d'abord la façon dont procède un vétérinaire ou un toiletteur professionnel.

UN AVIS PROFESSIONNEL

Si votre chaton a un pelage rare qui nécessite des soins particuliers ou s'il refuse obstinément de se laisser faire, demandez conseil à un toiletteur expérimenté. Si votre animal a tendance à se gratter de plus en plus ou si sa peau ou sa fourrure vous paraissent un tant soit peu altérées, n'hésitez pas à consulter votre vétérinaire pour un bilan de santé. Des affections cutanées, anodines au départ, s'aggravent parfois rapidement.

LE BAIN

Ne baignez votre chaton qu'en cas d'absolue nécessité, car des ablutions excessives altéreraient la résistance à l'eau de sa fourrure. J'ai constaté qu'une odeur inhabituelle est souvent chez le chat le signe d'une affection cutanée qui nécessite des soins médicaux.

Rares sont les chats qui apprécient l'expérience du bain ; préparez donc tout à l'avance, et faites-vous aider. Assurez-vous que votre shampooing a un pH équilibré pour une peau normale de chat (entre 5,5 et 7,5) et utilisez pour la tête un shampooing pour bébé.

La meilleure baignoire sera tout simplement une grande cuvette en plastique. N'oubliez pas cependant que la pièce, après le bain, ressemblera à l'intérieur d'une machine à laver après un cycle de rincage.

Le matériel pour le bain

- Un tapis antidérapant pour le fond de la cuvette ;
- un tablier ;
- du shampooing (et un produit démêlant pour les chats à poil long) ;
- plusieurs serviettes ;
- des tampons de coton pour obturer les oreilles sensibles (pensez à les retirer ensuite) ;
- et bien sûr votre chaton, bien toiletté, avec son collier (la personne qui vous aide en aura besoin pour le tenir), dont vous vous assurerez qu'il ne déteindra pas.

Après le bain, séchez votre chaton le plus rapidement possible pour éviter qu'il ne prenne froid.

Mouillez la fourrure de votre chaton avec l'eau assez chaude d'un broc, puis appliquez le shampooing, légèrement dilué pour faciliter ensuite le rinçage.

La pratique

1 Avant tout, fermez la porte de la pièce où vous vous êtes installé ; cela vous évitera de voir votre protégé couvert de mousse courir en tous sens dans la maison ! Diluez le shampooing. Vérifiez la température de l'eau, puis mettez votre animal dans sa « baignoire » et mouillez-le. Commencez par les pattes, puis continuez par le corps et enfin le dos.

2 Shampooinez le corps, puis mouillez doucement la tête avant de rincer soigneusement. Si vous appliquez un produit démêlant, suivez bien le mode d'emploi.

3 Essuyez longuement votre chaton avec les serviettes, puis séchez-le complètement avec un sèche-cheveux, à l'exception de la tête, en brossant sa fourrure et en vous assurant de la main que l'air n'est pas trop chaud. Enfin, peignez-le. Il sera content d'en avoir fini, et vous serez satisfait du résultat.

Les soins dentaires

La plus fréquente des affections buccales du chat âgé de plus de 2 ans est la périodontite. Le maître d'un jeune chaton doit y penser très tôt, car les problèmes qui se manifestent à l'âge adulte trouvent souvent leur origine dans les tout premiers mois de la vie. Cette affection est due à la formation de la plaque bactérienne, qui peut causer des dommages tels aux gencives et aux structures de soutien de la dent qu'ils entraînent bien souvent sa chute, même si elle est saine, ou peuvent conduire à son extraction.

Certains spécialistes pensent que plus de huit chats sur dix souffrent, dès l'âge de 2 ans, d'une périodontite, bien qu'à des degrés divers. Cependant, si elle est traitée précocement, cette affection est réversible ; de bons soins systématiques sont donc essentiels dès l'arrivée de votre petit compagnon.

Les dents du chat

• Les chats, comme les hommes, naissent sans dents.
• Une première série de dents de lait, ou déciduales, commence à percer entre la 2e et la 4e semaine. Quand elles seront toutes sorties, le chaton en aura 26.
• Vers l'âge de 3 mois, les dents de lait seront remplacées par les dents définitives, qui doivent toutes être apparues à 6 mois.
• La dent est une structure vivante, contenant des vaisseaux sanguins et des nerfs sensibles à la douleur.
• De tous les mammifères de compagnie, le chat est celui qui a le moins de dents.
• À l'inverse de celles du chien, elles n'ont pas de surfaces broyeuses, qui servent à écraser les végétaux. Les chats sont en effet des carnivores exclusifs.
• Ils mâchent très peu, sauf quand ils sont nourris avec des croquettes déshydratées.

LA VISITE CHEZ LE DENTISTE

Les soins d'entretien que vous effectuez à la maison n'évitent pas que votre chaton ait besoin de temps en temps de l'intervention d'un spécialiste, même s'ils en réduisent certainement la fréquence. Le brossage seul ne parvient pas à éliminer le tartre une fois qu'il est constitué et il faudra alors procéder à un détartrage que le vétérinaire effectuera, sous anesthésie générale, à l'aide d'un instrument à ultrasons. Il polira ensuite les dents. Vous devez demander un bilan dentaire de votre chaton au moins une fois par an.

• Le chat adulte possède quatre types de dents : incisives, canines, prémolaires et molaires (ces dernières n'existent pas dans la dentiton de lait).

Les incisives • Ce sont les petites dents de devant qui permettent de grignoter, de couper et de mordre. Elles sont aussi utilisées pour le toilettage. Quand la bouche se ferme, les incisives de la mâchoire supérieure doivent venir se placer juste devant celles de la mâchoire inférieure.

Les canines • Ce sont les plus apparentes. Elles servent à saisir et à déchiqueter la nourriture, mais aussi à retenir la langue et à maintenir les lèvres dans la bonne position.

Les prémolaires • Elles s'alignent derrière les canines et permettent de trancher, de couper et de tenir les proies.

Les molaires • Elle se trouvent au fond de la bouche.

LA PÉRIODONTITE

La surface externe des dents du chat est recouverte d'émail, le matériau le plus dur de tout le corps. Jour après jour, il se recouvre d'une plaque constituée de bactéries. Quand le chat mange, une partie de cette plaque est emportée par les aliments, mais il en reste toujours un peu sur les dents. D'abord de consistance molle, elle durcit rapidement pour produire une

Faute d'un brossage régulier, les dents se recouvriront peu à peu d'une plaque dentaire, qui entraînera éventuellement plus tard une sérieuse périodontite.

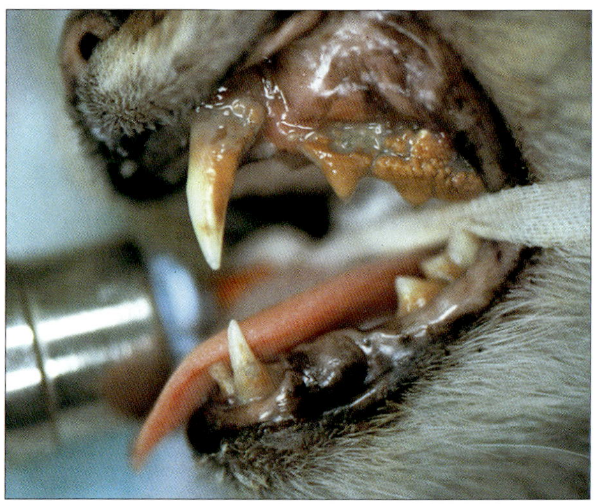

LA PÉRIODONTITE : LES CHATS À RISQUE

Certains chats ont une prédisposition plus grande à la périodontite, par exemple chez les races issues de nombreux croisements. Ainsi, le persan peke face (voir page 44) a le museau trop court et une bouche si petite que les dents s'y entassent les unes sur les autres. Cette implantation favorise la retenue de débris alimentaires et donc la formation de la plaque bactérienne, qui sera par ailleurs plus difficile à éliminer. De tels chats ont besoin de soins dentaires plus fréquents.

substance appelée tartre, qui progressivement s'épaissit. Au contraire de l'émail, la plaque dentaire est rugueuse, et difficile à enlever. Les bactéries qui la composent irritent les gencives (cette affection porte le nom de gingivite) et, au fur et à mesure de leur inflammation, d'autres agressions bactériennes s'y greffent. La dent risque alors de se déchausser et même de tomber.

La prévention

La prévention de la périodontite passe par l'élimination régulière de la plaque dentaire avant qu'elle ne cause des dégâts.

Le brossage quotidien des dents • Ce nettoyage régulier avec une bonne pâte dentifrice permet d'éliminer un maximum de la plaque bactérienne et de rendre inoffensives les traces qui restent. Cette opération, peu naturelle pour les chats, est cependant bien acceptée s'ils y ont été habitués dès leur plus jeune âge.

Le régime alimentaire • Les effets des différents types de nourriture sur le développement de la périodontite sont encore controversés, mais certains aliments contribuent certainement à éliminer la plaque dentaire. Ce sont les produits riches en fibres comme le cœur, le flanchet ou la joue de bœuf, à mâcher une fois par semaine. Veillez cependant à ne pas trop en donner à votre chaton, pour ne pas déséquilibrer son régime.

LE BROSSAGE DES DENTS

Bien que les dents de lait doivent toutes être tombées vers l'âge de 6 mois (voir page ci-contre), vous devez commencer les brossages réguliers dès l'arrivée de votre chaton. Comme dans beaucoup de domaines, une expérience précoce fait mieux accepter la suite. Placez de préférence votre chaton sur une table recouverte d'un tissu antidérapant.

Un doigtier spécial peut vous permettre d'apprendre à votre chaton à accepter le contact de la brosse à dents. Vous utiliserez une pâte dentifrice spéciale lorsque votre animal aura pris l'habitude de la brosse mouillée.

La technique

Laissez d'abord votre chaton s'habituer au contact d'un corps étranger sur ses dents et sur ses gencives en retroussant la lèvre supérieure et en plaçant la brosse dans la petite poche que forme la joue.

Augmentez chaque jour la durée et l'étendue de l'opération, et commencez à remuer un peu la brosse. Une fois que votre chaton sera habitué à cette expérience, plongez la brosse dans l'eau, tenez-la inclinée à 45° vers les gencives, et brossez les dents dans un mouvement circulaire.

Le matériel pour le brossage

La brosse à dents • Elle doit avoir une très petite tête et des poils fermes. Vous pouvez aussi frotter les dents avec un doigtier (voir photo ci-dessus), mais cette technique est moins efficace.

La pâte dentifrice • On fabrique aujourd'hui des pâtes spéciales pour animaux domestiques. Elles sont, à bien des égards, semblables aux nôtres, mais elles ont un goût qui convient aux chats et elles ne moussent pas.

Produits de rinçage et de vaporisation • Ils sont surtout utilisés, après le brossage, chez les chats prédisposés à la gingivite (voir page ci-contre).

La prévention parasitaire

Les parasites internes du chat regroupent essentiellement le ténia et les vers ronds ; dans de nombreux pays, les puces sont, de loin, les parasites externes les plus fréquents. Tous peuvent être à l'origine de troubles pathologiques et sont en outre susceptibles d'infester également les humains.

Les parasites

Les parasites sont des organismes qui vivent dans, ou sur, d'autres animaux, dont ils se nourrissent. Tout comme les hommes et beaucoup d'êtres vivants, les chats peuvent en accueillir de toutes sortes : en fait, ce sont de véritables terres d'asile !

Certains parasites sont microscopiques alors que d'autres sont visibles à l'œil nu. Ils ne sont cependant pas tous nuisibles : ainsi, la peau du chat, ses voies aériennes et ses poumons hébergent de nombreuses bactéries qui ne sont pas pathogènes mais qui risquent de le devenir en cas de lésions tissulaires.

LES TÉNIAS

Le ténia qui affecte le plus fréquemment le chat est sans doute *Dipylidium caninum*. À l'âge adulte, il vit dans l'intestin grêle de l'animal. Blanc et plat, il est composé de multiples petits segments, ou anneaux.

LES TÉNIAS

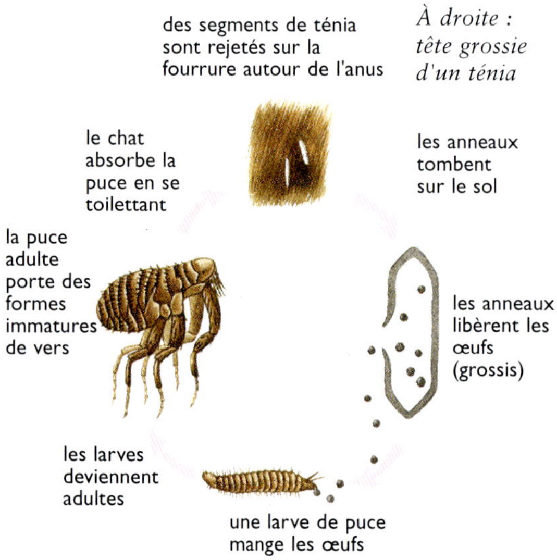

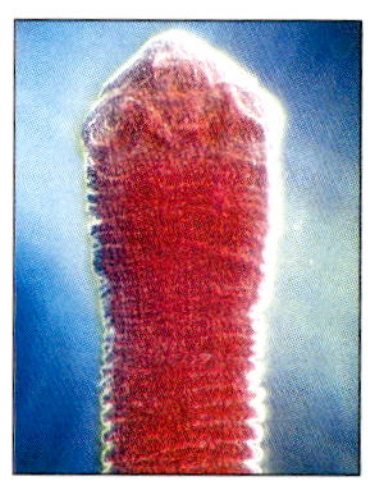

À droite : tête grossie d'un ténia

Le cycle de vie du plus commun des ténias infestant le chat domestique, Dipylidium caninum, *est lié à celui d'un autre parasite (souvent la puce).*

LE TÉNIA *TÆNIAEFORMIS*

Ce ténia est beaucoup plus grand que *Dipylidium caninum*. Généralemement, l'intestin d'un chat infesté n'héberge que trois ou quatre de ces vers, mais ils peuvent être longs de plus de 30 cm.

Ce ténia n'est pas absorbé par les puces ou les poux, mais par des petits rongeurs, tels que rats et souris, chez lesquels il poursuit son développement. Ce type de téniasis ne concerne donc que les chats chasseurs.

Le processus d'infestation

Les anneaux d'un ténia adulte, bourrés d'œufs, se détachent dans l'intestin du chat et sont évacués avec les selles en libérant leurs œufs. Il arrive alors qu'une larve de puce (ou de pou) se trouvant dans les parages mange ces œufs, qui continueront de se développper dans le corps de la puce. Une fois adulte, celle-ci sautera peut-être sur le premier animal qu'elle rencontrera pour lui sucer le sang. En faisant sa toilette, le chat ou le chien avalera la puce ; elle sera digérée dans son intestin, où les œufs poursuivront leur vie jusqu'à l'âge adulte. Et le cycle se reproduira.

Les signes de l'infestation

Ils ne sont pas du tout évidents si le chat n'est que faiblement parasité ; seuls quelques segments de ver seront peut-être visibles autour de l'anus ou au sol. En revanche, une infestation massive entraînera des troubles digestifs et une irritation anale sévère.

Les risques pour les chatons

S'il y a dans l'environnement de votre chaton des puces porteuses de formes immatures de ténia, il risque d'être infesté. Après ingestion d'une puce, il faut près de 3 semaines pour qu'un ténia adulte produise de nombreux œufs dans l'intestin.

Vous ne pourrez donc constater des signes d'infestation que si votre jeune animal est déjà chez vous depuis un certain temps.

Le ténia du chat et l'homme

Nous pouvons être infestés si nous avalons une puce porteuse de formes immatures de ténia, cachée dans la fourrure d'un chat.

La prévention

- Pratiquez une prévention systématique en administrant à votre chaton un ténifuge recommandé par votre vétérinaire. Commencez dès son arrivée, et continuez à intervalles réguliers. Il est recommandé de traiter les animaux contre les ténias tous les 2 ou 3 mois. Les vermifuges s'administrent soit par voie buccale, soit par injection.
- Cette prévention devra s'accompagner de la lutte contre les puces (voir page 117).

LES VERS RONDS

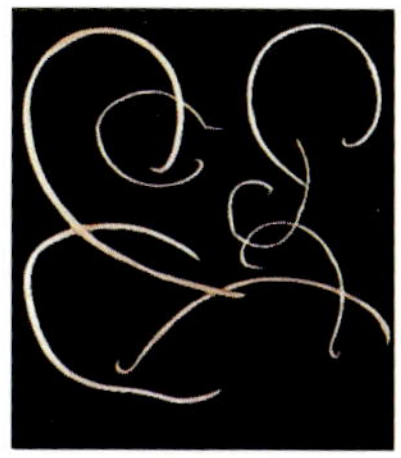

Toxacara cati *est un ver très allongé de couleur crème*

À droite : les différentes sources d'infestation par les vers ronds

LES VERS RONDS

Il en existe de très nombreuses variétés, dont les ascaris, les ankylostomes, les vers du cœur et des poumons. Le plus largement répandu est un ascaris, *Toxacara cati*, qui, à l'âge adulte, peut atteindre 15 cm. Il vit dans l'intestin grêle des chatons infestés, mais aussi dans d'autres organes du chat adulte.

Le processus d'infestation

Toxacara cati peut être infestant de trois façons.

Directement par le lait de sa mère • C'est le mode de transmission le plus fréquent. Les larves de vers ronds issues d'œufs récemment absorbés par la chatte, ou qui sommeillaient dans d'autres organes, vont passer dans son lait. Le chaton les avalera quand il tétera, et elles se développeront dans son intestin jusqu'à ce qu'elles soient adultes. Chaque femelle produira alors une énorme quantité d'œufs microscopiques : jusqu'à 250 000 par jour !

Par ingestion d'œufs présents dans l'environnement • Les œufs qui se trouvent dans les selles d'un chat ne deviennent infestants qu'au bout de plusieurs semaines. À ce moment-là, s'ils sont avalés par un chaton, les larves sortent des œufs et se développpent dans son intestin. Au bout de 6 semaines, elles sont devenues des vers. Chez le chat adulte, les larves traversent la paroi intestinale et s'enkystent dans différents tissus de l'organisme (son intestin n'héberge normalement pas de formes adultes de vers ronds).

Par consommation d'animaux infestés • Si des œufs de vers ronds infestants pour les chats sont mangés par un ver de terre, un scarabée, un petit rongeur ou un oiseau, les larves vont éclore, se frayer un chemin dans les tissus du corps de leur hôte, et s'y enkyster. Si le chaton, poussé par ses instincts de prédateur, s'attaque à un de ces animaux, il sera à son tour infesté. Les larves se métamorphoseront lors de la digestion et se transformeront en adultes prêts à pondre.

Les signes de l'infestation

L'infestation ne s'accompagne souvent d'aucun symptôme ; cependant, si elle est massive chez un chaton de moins de 8 semaines, elle risque d'entraîner de graves dérangements digestifs (il a alors un « ventre de batracien »).

Il peut également vomir des vers adultes ou encore les évacuer dans les selles sous forme d'un pelote de vers morts ou mourants.

Les vers ronds du chat et l'homme

Il arrive que nous rapportions des œufs présents dans l'environnement – surtout les enfants – et que nous nous fassions infester en portant à notre bouche nos mains ou tout autre objet contaminé.

Une fois dans l'intestin, les œufs vont éclore et les larves provoqueront peut-être, durant leur migration dans l'organisme, des lésions tissulaires et des troubles pathologiques. Cependant, les problèmes médicaux dus à *Toxacara cati* sont très rares chez l'homme.

Certaines précautions limiteront encore les risques d'infestation :

- Assurez-vous que les enfants se lavent les mains avant de manger et dissuadez-les de porter à leur bouche des objets qui ont été en contact avec le sol.
- Couvrez bien les aliments pour éviter leur contamination par les puces.
- Ramassez les selles de votre chaton.

La prévention

S'il n'a pas été traité par son ancien propriétaire, votre chaton sera probablement infesté par des vers ronds quand il arrivera chez vous. Mais dans tous les cas, vous devrez le vermifuger. Le rythme et la technique du traitement dépendront du produit utilisé, mais le processus est approximativement toujours le même.

- Traitez régulièrement votre animal, en respectant les intervalles conseillés. Il est d'usage de vermifuger les chatons à 2 semaines puis tous les 15 jours jusqu'à l'âge de 12 semaines. La plupart des vétérinaires recommandent de le faire systématiquement tous les 3 mois, même chez les chats adultes.

Les vermifuges, qu'ils se présentent sous forme de liquide, de comprimés ou de poudre, s'administrent oralement. Certains produits sont efficaces à la fois contre les ténias et contre les vers ronds.

- Enlevez rapidement les selles de votre chaton de sa litière, ou des coins du jardin, pour éviter que des œufs de vers ronds ne s'y développent.

LES AUTRES TYPES DE VERS

Selon l'endroit où vous vivez et le mode de vie de votre chaton, celui-ci sera peut-être infesté par d'autres vers. Les vers du cœur, quoique rares, sévissent dans le sud-ouest de la France.

Ces données ne sont pas à négliger ; demandez à votre vétérinaire quels sont les parasites les plus fréquents dans votre région.

LES PUCES

Les chats sont souvent infestés par de nombreux insectes et autres bestioles, dont les poux, les tiques et toutes sortes d'acariens, mais les plus fréquents de leurs parasites externes sont incontestablement les puces.

Il s'agit d'insectes dépourvus d'ailes, mesurant moins de 3 mm, mais doués de capacités extraordinaires : une puce adulte peut sauter jusqu'à 600 fois par heure, et chacun de ses sauts correspondrait pour nous a un bond au-dessus d'un immeuble de 50 étages. On a dénombré environ 3 000 types de puces ; celle que l'on rencontre chez le chat – et le chien – est la « puce du chat ».

Le cycle de vie de la puce

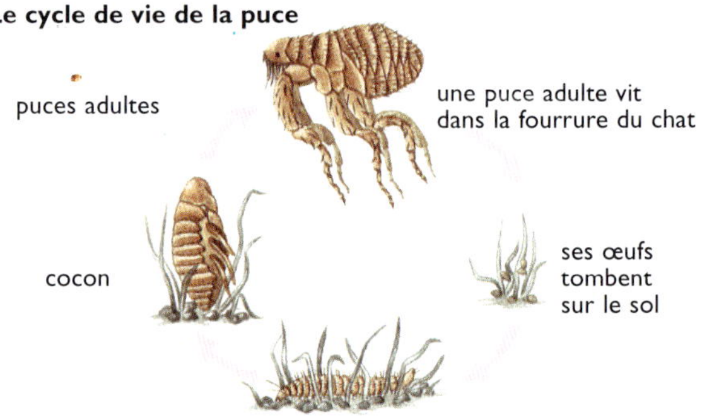

Les puces passent la majeure partie de leur existence dans la nature, et elles ne considèrent les animaux à sang chaud que comme des restaurants ambulants.

Les signes de l'infestation

Les puces sautent sur le chat qui passe pour se nourrir, s'accrochant à sa fourrure avec leurs griffes, et lui piquent la peau avec certaines pièces buccales ressemblant à des aiguilles pour lui sucer le sang. Les femelles pondent des centaines d'œufs qui tomberont de la fourrure sur le sol dans les 8 heures suivantes.

En moins de 2 semaines, une larve de puce sort de chaque œuf et se retire dans un coin sombre, souvent la litière ou un fauteuil, pour se transformer en puce adulte. Dans sa cachette, elle se nourrit de fientes de puces adultes, de miettes de nourriture, de lambeaux de peau et, bien sûr d'œufs de ténia.

Quand elle mesure 6 mm environ, la larve tisse son cocon et se réorganise complètement (cerveau, système nerveux, intestin, etc.) pour entreprendre la construction de son corps d'adulte : c'est la métamorphose. Une fois celle-ci effectuée, elle peut survivre plus de 8 mois dans son cocon en attendant le chat ou le chien qui lui permettront de se nourrir. Aussitôt qu'elle perçoit leurs vibrations, elle surgit et commence à sauter.

Votre chaton risque d'attraper des puces de différentes façons.

- Directement d'un autre chat.
- Directement d'un chien.
- Directement d'un autre animal, comme le lapin.
- Dans le milieu où ces animaux vivent.

La capacité de reproduction des puces est extraordinaire. Si votre chaton rapporte un jour 10 puces sur lui, 4 semaines plus tard, il y en aura plus de 250 000 dans la maison !

Les signes de l'infestation

À la maison • Les puces sont si répandues que presque toutes les maisons en hébergent en permanence. Elles ont beau être visibles, elles se déplacent si vite qu'il est difficile de les apercevoir.

Sur votre chat • Certains chats sont très sensibles à l'infestation par les puces, et quelques-unes suffisent parfois à déclencher chez eux des irritations : ils se grattent ou se lèchent beaucoup plus que d'habitude, et de minuscules taches rouges et gonflées apparaissent sur la peau. D'autres animaux n'auront que peu de réactions.

Sur vous-même • Souvenez-vous que si une puce affamée ne trouve pas de chat ou de chien pour se nourrir, elle n'hésitera pas à sauter sur vous. Elle sucera un peu de votre sang, puis elle repartira à la recherche d'un chat ou d'un chien. Vous vous apercevrez rapidement de la présence de puces dans la maison si vous y êtes sensible.

La prévention

Les puces vivant dans la nature, prenez des mesures de prévention avant qu'elles ne viennent se nourrir sur votre chat. Non seulement vous éviterez de les accueillir chez vous, mais vous supprimerez la cause la plus fréquente des affections cutanées chez le chat et la principale source d'infestation par le ténia (voir pages 114 et 115).

LA DÉTECTION DES PUCES

Un signe vous révélera l'infestation de votre chaton : la présence de minuscules grains noirs dans sa fourrure. Ce sont des fientes de puces que vous identifierez facilement si vous brossez votre animal au-dessus d'une feuille de papier blanc. Tamponnez les petits grains qui sont tombés avec un coton humide. S'il s'agit bien de fientes de puce, elles se dissoudront en donnant des taches brun-rougeâtre de sang partiellement digéré.

ATTENTION

Les insecticides sont des produits chimiques actifs – et donc dangereux. Ne les laissez pas à la portée des enfants et maniez-les avec précaution en suivant scrupuleusement le mode d'emploi. Ne les associez pas, et n'utilisez jamais sur votre chaton un produit destiné à traiter l'environnememnt.

Soyez donc attentif à ces quelques points.

- Aspirez fréquemment la couche de votre chaton, puis lavez-la à fond.
- Passez régulièrement l'aspirateur dans la maison.
- Vaporisez souvent dans les pièces un insecticide contre les puces adultes.
- Traitez fréquemment votre animal avec des produits insecticides pour chats. Ils sont disponibles en bombe, en poudre, en mousse et en shampooing pour usage externe, mais aussi en pâtes ou en comprimés à administrer par voie orale. Les colliers antipuces sont eux aussi assez efficaces.

Quand vous vaporisez un insecticide, installez votre chaton dans un endroit inhabituel – sur une table par exemple – et maintenez-le fermement par la peau du cou. Si vous n'êtes pas vraiment sûr de vous, demandez conseil à votre vétérinaire.

Les vaccins

Les chatons sont tous exposés aux maladies infectieuses qui sont causées par des micro-organismes vivants – virus notamment – et sont en outre rapidement transmissibles. Celles-ci regroupent essentiellement la panleucopénie infectieuse féline, le coryza, et la rage.

Le mode de vie de votre animal déterminera les risques qu'il encourt de contracter ces maladies : s'il rencontre régulièrement des congénères, il sera bien sûr plus sujet à la contamination.

LE RÔLE DU SYSTÈME IMMUNITAIRE

Quand un être vivant est infecté par un microbe ou un virus, son organisme réagit aussitôt pour essayer de le neutraliser ou de le détruire. Cependant, les agents responsables des grandes maladies infectieuses causent des dégâts si rapides aux organes vitaux que le système immunitaire de votre chaton est incapable de répondre assez vite.

L'action des vaccins

La vaccination accroît la rapidité et l'efficacité de la réponse de l'organisme à l'infection. Elle stimule le système immunitaire en le mettant en présence de faibles quantités d'un micro-organisme rendu inoffensif avant que le sujet n'ait l'occasion de le rencontrer vraiment.

La protection de votre chaton

Pour protéger votre chaton des grandes maladies infectieuses, assurez-vous qu'il a bien reçu toutes ses premières vaccinations à l'âge de 12 semaines, et faites-lui faire chaque année ses injections de rappel (voir pages 120 et 121). Dans ce domaine, le moindre oubli pourrait lui être fatal.

La plupart des vaccins sont administrés par piqûre sous-cutanée, dans la région du cou. Ces injections, pratiquement indolores, sont généralement bien acceptées.

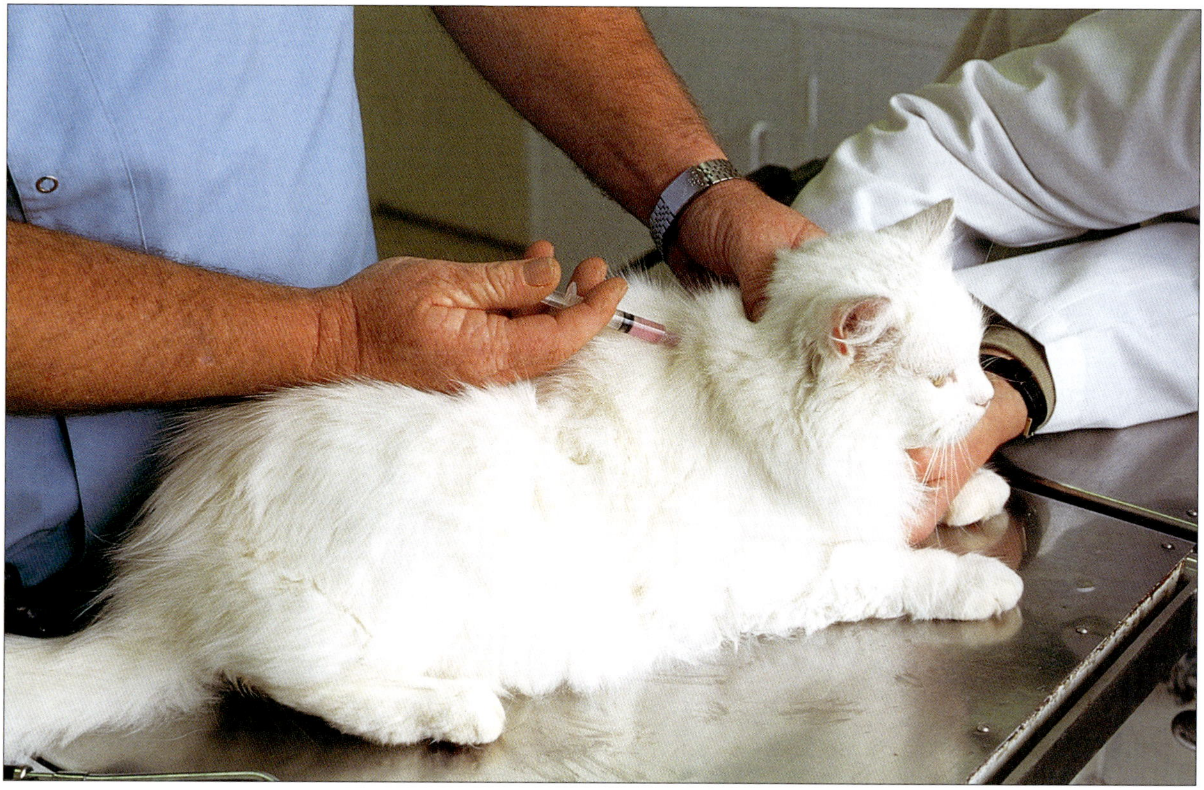

LES GRANDES MALADIES INFECTIEUSES

Les maladies infectieuses propres au chat varient selon les régions et les modes de vie. Les vaccinations ne seront donc pas nécessairement les mêmes. Votre vétérinaire vous en informera.

La panleucopénie infectieuse féline (ou leucopénie ou typhus du chat)

Cette affection mondialement répandue a été la première maladie virale découverte chez le chat. Le virus (parvovirus) qui en est responsable est très résistant puisqu'il peut survivre plus de 1 an hors de l'organisme.

Les causes • L'infection se transmet par contact rapproché avec un chat malade, ou tout simplement par la présence de virus dans le milieu environnant. Dès sa pénétration par la bouche ou le nez, ce micro-organisme lèse de nombreux tissus, dont les intestins et la moelle osseuse.

Les symptômes • Ils diffèrent selon la sévérité de l'infection, mais ils associent habituellement fièvre, vomissements, léthargie et anorexie. Parfois, ils se résument à une faible élévation de température, parfois aussi ils se traduisent par une mort rapide. Le typhus du chat est particulièrement grave chez le jeune chaton.

Le traitement • Il n'en existe actuellement aucun.

Le coryza

Cette infection des voies aériennes supérieures est généralement due à l'*Herpes virus* félin de type I et au calicivirus félin. Elle apparaît plus fréquemment chez les animaux vivant en communauté, par exemple dans les pensions et les élevages.

Les causes • Le chat est souvent contaminé par un animal malade, ou qui l'a été, car même s'il a recouvré la santé, il reste porteur chronique du virus et demeure contagieux. En revanche, les deux types de virus du coryza du chat ne survivent que peu de temps dans la nature.

Les symptômes • L'*Herpes virus* félin de type I est à l'origine de symptômes plus sévères que le calicivirus félin, mais tous les deux entraînent abattement, éternuements, inappétence, fièvre, catarrhe oculo-nasal et ulcérations linguales. Cependant, l'affection, éprouvante, est rarement mortelle, sauf chez le très jeune chaton ou l'animal âgé au système immunitaire déficient.

Le traitement. • On administre des antibiotiques pour prévenir les infections bactériennes secondaires.

ATTENTION

Deux autres infections virales ne bénéficient encore d'aucun vaccin (parlez-en à votre vétérinaire).

- L'infection par le virus de l'immunodéficience féline, ou FIV (voir page 93).
- L'infection par le coronavirus félin de type I , ou PIF (péritonite infectieuse).

LES AUTRES MALADIES INFECTIEUSES

Il existe aujourd'hui des vaccins contre d'autres maladies infectieuses Leur intérêt est cependant variable, et tous les vétérinaires n'en sont pas partisans. Demandez donc au vôtre son avis sur les vaccinations plus spécifiques dont votre jeune animal pourrait avoir besoin.

La leucose du chat

Cette maladie très complexe inquiète beaucoup de propriétaires de chatons. Il convient donc de l'examiner de plus près. D'autant plus que, depuis sa découverte en 1964, de nombreux spécialistes pensent qu'elle est la cause principale de maladie chez le chat.

Le virus qui en est responsable appartient au groupe des virus dits rétrovirus. Ceux-ci s'attaquent aussi bien aux animaux (bœufs, moutons, chevaux) qu'à l'homme. Le virus de l'immunodéficience humaine (VIH), l'agent du sida, est probablement le plus connu d'entre eux ; cependant, celui de la leucose féline ne lui est pas du tout apparenté. Il a été retrouvé dans tous les pays où il a été recherché, et il est hautement infectieux.

Les causes • Le virus est présent de façon chronique dans la salive, l'urine, le sang, le lait maternel, le mucus des voies respiratoires et les selles des chats infectés. Il se transmet essentiellement par la salive, notamment lors de contacts rapprochés, par exemple à l'occasion d'un léchage ou d'une morsure. Les écuelles sont également souvent des foyers d'infection. Les chatons sont parfois contaminés par leur propre mère, soit avant la naissance par voie transplacentaire, soit ultérieurement lors des tétées.

Les symptômes • L'infection ne se manifeste au début par aucun symptôme précis, tout juste un comportement un peu moins actif ; elle passe donc généralement inaperçue. Même à un stade

plus avancé, elle ne se remarque guère.
La leucose entraîne en fait une dépression du système immunitaire, et se traduit donc par les mêmes signes que les autres infections du chat. Cependant, quand elle devient chronique, des mois, voire des années après l'attaque initiale, on peut constater une perte de poids, de la fièvre, des vomissements, l'anémie, des ulcérations buccales, une inflammation des gencives et des glandes salivaires, de la diarrhée et de la conjonctivite. Un animal souffrant d'infection chronique paraît souvent en parfaite santé durant toute la période d'incubation, mais il véhicule constamment le virus et représente un sérieux danger pour la santé des autres chats avec lesquels il entre en contact.

Le pronostic • La plupart des chats rencontrent le virus de la leucose féline au moins une fois dans leur vie, mais seuls sept sur dix seront touchés. Dans ce cas, trois possibilités se présentent.

• Le chat combat l'infection avec succès et devient naturellement protégé contre une nouvelle attaque.

• Le chat ne résiste pas au virus. Son système immunitaire n'est pas capable d'y faire face, et il va souffrir d'une maladie chronique. Il deviendra alors une véritable usine à virus, fabriquant dans son organisme des particules virales et les répandant à l'extérieur. C'est le cas de trois chatons sur dix qui ont été infectés très tôt, de la naissance à la 8e semaine.

• Le chat surmonte l'attaque virale, mais n'en triomphe pas complètement. Avec le temps, il la vaincra ou y succombera..

Le traitement. • Il n'existe pas actuellement. La plupart des chats infectés de façon chronique meurent dans les 3 à 4 ans suivant la contamination.

La prévention • Certains vétérinaires pratiquent systématiquement sur les chatons des tests sanguins pour déterminer s'ils sont déjà infectés par le virus. Vous demanderez au vôtre son avis sur la question.

La chlamydiose

Chlamydia est un parasite intra-cellulaire très spécifique. L'un de ses types provoque souvent de la conjonctivite purulente et vient par ailleurs compliquer le coryza. La chlamydiose se rencontre plus fréquemment chez le chaton âgé de 5 à 9 semaines.

Les causes • Un chat s'infecte essentiellement par contact direct avec l'écoulement oculaire ou nasal d'un autre animal malade ou guéri, mais encore porteur de la bactérie, ce qui est un cas fréquent.

Les symptômes • Les plus évidents sont une rougeur et un larmoiement des yeux, un gonflement des paupières, mais aussi éventuellement un léger écoulement nasal et des éternuements. Dans la plupart des cas, l'état général reste le même et l'appétit n'est pas affecté.

Le traitement • *Chlamydia* est sensible aux antibiotiques. Le vaccin existe, mais il est encore réservé aux animaux à risque, notamment aux chatons qui sont en contact avec des chats tout juste guéris et qui peuvent encore être contagieux pendant un certain temps.

LE RYTHME DES VACCINATIONS

Il dépendra à la fois du type de vaccin choisi et des décisions de votre vétérinaire en fonction des maladies recensées dans votre région. Le cabinet vous indiquera les dates auxquelles vous devrez faire les rappels.

La protection naturelle

Durant les premières semaines de sa vie, alors que son système immunitaire est en train de se développer, votre chaton est en principe protégé contre les principales maladies infectieuses félines par les anticorps maternels contenus dans le tout premier lait, le colostrum (voir page 21). Avec le temps, cette protection sera de moins en moins efficace. Elle aura généralement disparu à la fin de la 12e semaine.

Le calendrier de vaccination de votre chaton

Les premières vaccinations se font en général en deux séries, à plusieurs semaines d'intervalle. Ce calendrier vous est donné à titre indicatif ; il variera selon la race ou le type de votre chaton.

À 9 semaines • On vaccine contre le calcivirus félin et l'*Herpes virus* félin de type I (responsables des infections des voies respiratoires hautes), et contre le virus de la leucose. Ces trois vaccins sont souvent associés en une seule injection sous-cutanée, mais celui contre la leucose peut être fait séparément.

À 12 semaines • On renouvelle les vaccinations de la 9e semaine. Un chaton ne doit pas être autorisé à sortir ni être mis en contact avec d'autres chats (hormis ceux avec lesquels il vit) avant 1 semaine au moins après cette deuxième série de vaccins.

À 15 mois • On répète les vaccinations faites à 9 et 12 semaines. Les rappels interviendront ensuite tous les ans. Votre vétérinaire enverra certainement à votre chaton une convocation à la date prévue : ce sera probablement le seul courrier qu'il recevra jamais !

Des vaccinations régulières et bien adaptées sont la base même de toute bonne prévention. Prévoyez-en le coût annuel dans votre budget, et ne vous en dispensez jamais sous prétexte d'économie.

Vous risqueriez de payer votre négligence par la vie de votre petit compagnon.

En suivant le programme vaccinal recommandé par les vétérinaires de votre région, vous protégerez votre jeune animal des principales maladies infectieuses félines.

REMARQUES SUR LA VACCINATION

• Votre vétérinaire vous fournira un carnet sur lequel il inscrira toutes les vaccinations dont a bénéficié votre chaton.

• Conservez-le, car on vous le demandera certainement si vous inscrivez votre animal dans une pension ; lors d'une visite, votre vétérinaire lui-même peut avoir besoin de le consulter.

• Les réactions aux vaccins sont exceptionnelles, mais certains chatons sont parfois un peu abattus dans les 24 heures qui suivent. Cependant, si vous avez l'impression que le vôtre réagit très mal, contactez immédiatement votre vétérinaire.

• La vaccination ne garantit pas une protection absolue contre les maladies infectieuses, car il arrive que certains individus y soient totalement réfractaires. D'autre part, il n'existe pas encore de vaccin contre toutes les maladies (voir page 119). Cependant, en faisant suivre régulièrement votre chaton par un vétérinaire, vous limiterez au maximum les risques de le voir contracter une affection sérieuse.

Le contrôle des naissances

Bien avant que votre chaton n'atteigne l'âge de la puberté, vous vous demanderez si vous envisagez qu'il ait un jour des petits. L'élevage de toute une portée est en effet une lourde responsabilité, et les refuges sont envahis de chatons non désirés.

Si, après mûre réflexion, vous répondez par l'affirmative, parlez-en à votre vétérinaire avant de prendre vos dispositions. Si, en revanche, vous résistez à l'envie d'entendre chez vous le bruit de minuscules pattes fourrées, il vous faudra choisir une méthode de contrôle des naissances avant que votre compagnon n'ait atteint l'âge de 6 mois.

Le début de la puberté

Pour un chat sans pedigree, la puberté est sans doute en rapport avec le poids de l'animal. Les femelles ont leurs premières chaleurs quand elles pèsent de 2,3 à 2,5 kg, aux environs de 7 mois. Les mâles montrent les premiers signes de maturité 1 mois plus tard.

Le début de la puberté est beaucoup plus variable chez les chats de race pure. Ainsi, les siamoises ou les birmanes font souvent leur puberté dès l'âge de 5 mois, alors que les chattes à poil long, comme les persanes, doivent attendre parfois jusqu'à la fin de leur première année.

Le début de l'activité sexuelle d'une femelle dépend aussi de sa saison de naissance. Si elle est née au début du printemps, elle sera éventuellement pubère dès l'automne de la même année.

LES MÂLES

Dès leur maturité sexuelle, les mâles sont sexuellement actifs aux mêmes périodes de l'année que les chattes. Ceux qui peuvent sortir en toute liberté trouvent toujours des partenaires avec lesquelles s'accoupler.

La castration

La castration est une intervention chirurgicale qui est pratiquée sous anesthésie générale. Le vétérinaire incise la base du scrotum et retire les testicules ; l'opération laissera deux petites cicatrices. La plupart des chats castrés ne souffrent pas d'effets secondaires ; cependant, ils ne développent pas la solide musculature caractéristique du mâle entier.

On castre habituellement les chats à l'âge de 6 mois (ou plus tôt s'ils vivent avec des chattes non stérilisées) ; mais il faut savoir qu'ils restent parfois fertiles pendant plus d'un mois encore.

Les avantages

• Les mâles castrés ne risquent pas de laisser une nombreuse descendance non désirée.
• Ils ont moins tendance à s'éloigner de la maison.
• Ils sont moins tentés de marquer de leur urine l'intérieur des locaux.
• Ils sont moins frustrés d'être enfermés à la maison, ou limités dans leurs déplacements.

Le contrôle des naissances ne doit pas être la responsabilité des seuls propriétaires de chattes.

L'appareil reproducteur du chat

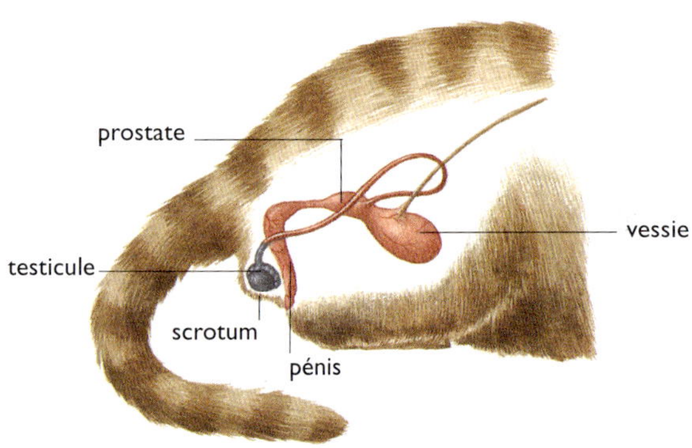

Un chat mâle entier a deux testicules logés dans un sac de peau appelé scrotum.

L'appareil reproducteur de la chatte

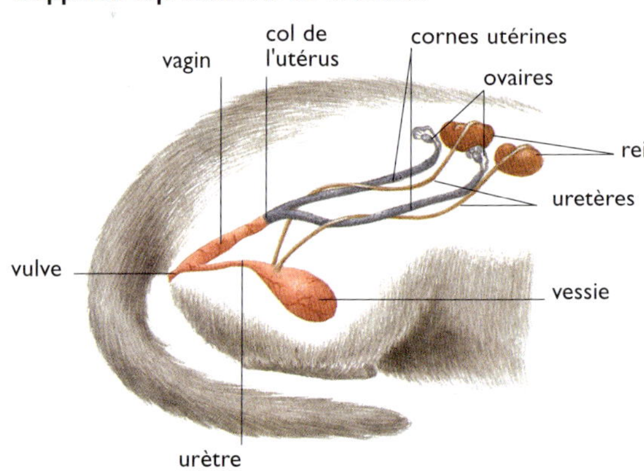

La chatte a deux ovaires situés de part et d'autre des reins. Son utérus adopte une forme de « Y ».

LES FEMELLES

Les chattes pubères ne sont pas toujours fécondables ; leur activité sexuelle se limite à leurs périodes de chaleurs, qui sont influencées par la durée du jour. Maintenue dans des conditions artificielles d'éclairement, une chatte peut accepter les mâles tout au long de l'année.

La chatte en chaleurs

Durant la période de chaleurs (4 à 10 jours), les chattes veulent bien s'accoupler, et même le réclament. Elles vocalisent, se frottent et se roulent au sol pour attirer l'attention des mâles (voir page 12).

Certaines d'entre elles, qui ne se sont pas encore accouplées, ont des chaleurs toutes les 3 semaines ; d'autres selon une fréquence plus irrégulière. Chez les chattes de race pure, elles interviennent aussi à intervalles très variables. Si l'accouplement n'est pas suivi de fécondation, elles font une pseudo-gestation (voir schéma à gauche).

Si vous désirez que votre chatte se reproduise, vous devrez attendre qu'elle ait eu, après sa puberté, plusieurs cycles sexuels normaux.

Le schéma ci-dessous présente le cycle sexuel de la chatte. La plupart des chattes n'ont aucune activité sexuelle de novembre à janvier.

Le cycle sexuel de la chatte

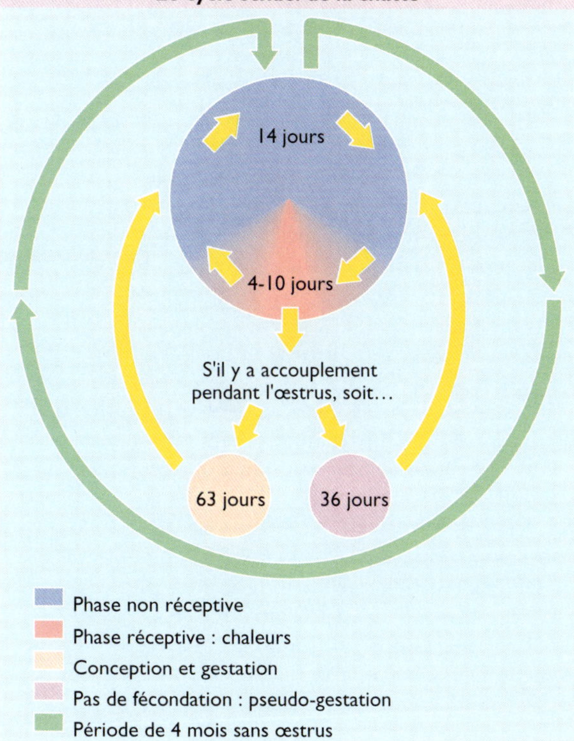

La stérilisation

Elle nécessite une intervention chirugicale sous anesthésie générale. Le vétérinaire retire les ovaires de la cavité abdominale. Bien que l'opération, pratiquée généralement à l'âge de 6 mois, soit plus importante que celle de la castration, les complications sont rares.

Les avantages

- La stérilisation ne connaît pas d'échec.
- Elle évite la surveillance d'une chatte en chaleurs.

Les inconvénients

- L'intervention, importante, n'est pas totalement dénuée de risques.
- Elle est irréversible.

LA CONTRACEPTION

Certaines substances hormonales sont utilisées à court terme pour supprimer les symptômes des chaleurs, ou différer des chaleurs imminentes. Elles sont aussi utilisées pour prévenir les chaleurs à long terme. Mais à l'arrêt du traitement, celles-ci risquent de réapparaître. Cette méthode ne doit pas être appliquée à des chattes avant les premières chaleurs.

Le plan santé de votre chaton

Vous souvenez-vous du jour de votre dernière visite de contrôle chez votre ophtalmologiste ou chez votre dentiste, ou de la date exacte de votre dernière vaccination antitétanique ? Sans doute pas. Or, maintenant, il va vous falloir surveiller tout autant la santé de votre chaton. Certaines tâches quotidiennes, comme les repas ou le brossage, se font sans même que l'on y pense. En revanche, d'autres obligations, pourtant très importantes, telles que les vaccinations ou les vermifugations, s'oublient trop facilement.

Vous trouverez ci-dessous une énumération qui vous aidera à dresser le plan santé le mieux adapté à votre chaton et à votre propre mode de vie. Utilisez l'agenda de la page ci-contre comme document de base pour établir le programme des 12 premiers mois.

L'alimentation

La qualité • Ne nourrissez votre chaton qu'avec des produits de haute qualité, tels que les repas complets tout prêts, qui ont une composition bien équilibrée et qui ont été conçus pour répondre aux besoins des petits chats durant leur période de croissance (voir pages 58 à 62).

Le bon moment • Les jeunes chatons ont besoin de repas fréquents et fractionnés, car leur système digestif se surcharge vite. Mais si on leur en donne la possibilité quand ils sont plus âgés ou adultes, ils préfèrent pouvoir manger en « libre service » quand ils le désirent, jusqu'à dix fois par jour.

Le passage à l'alimentation adulte • Quand votre animal aura 1 an, introduisez progressivement dans son écuelle un peu d'aliments pour chats adultes, que vous choisirez bien équilibrés sur le plan nutritionnel (voir page 66).

L'eau • Assurez-vous que votre chaton a toujours de l'eau fraîche à sa disposition (voir pages 66 et 67).

LA PROGRAMMATION DES TRAITEMENTS

La programmation des soins pourra varier en fonction des problèmes de santé spécifiques auxquels votre chaton sera exposé en raison de son environnement et de son mode de vie.

Elle dépendra également des produits utilisés, et bien entendu des choix de votre vétérinaire. Demandez-lui des informations plus détaillées sur votre propre chaton.

L'exercice

Votre chaton a chaque jour besoin de stimulations physiques et cérébrales, surtout s'il vit en appartement ou s'il ne sort que rarement de la maison. Établissez un programme d'exercices adapté à ses capacités et à son mode de vie, qui peut s'inspirer de ces suggestions.

- Activités d'intérieur grâce à des jouets, à un arbre à chats ou à une unité de jeux (voir pages 83 à 85).
- Promenades, chasse et jeux à l'extérieur.
- Promenades en laisse (voir page 87).

Le toilettage

À la maison • Toilettez rapidement votre chaton tous les jours, et plus complètement toutes les semaines (voir pages 108 à 110).

Chez le toiletteur • Si vous avez un chat à poil long, il est conseillé de le faire toiletter tous les 6 mois.

Le bain • Ne baignez votre animal que s'il en a vraiment besoin (voir page 111).

Les soins dentaires

Brossez les dents et les gencives de votre chaton pendant 1 min chaque jour (voir pages 112 et 113).

Le bilan de santé à la maison

Les entrées • Surveillez ce que consomme et boit chaque jour votre chaton, à l'affût de modifications sensibles dans ses envies alimentaires.

Les sorties • Soyez aussi quotidiennement attentif à ses selles et à ses urines.

Le comportement • Un changement de comportement est parfois le signe précoce d'une maladie.

L'examen physique • Pratiquez chaque jour un examen physique de votre animal (voir page 107).

La pesée • Pesez-le une fois par semaine en dehors de ses bilans de santé (voir page 107). Faites-le toujours au même moment de la journée, et notez-en soigneusement le résultat.

Le bilan de santé chez le vétérinaire

Avec le vétérinaire • Prenez rendez-vous pour effectuer le premier bilan de santé complet dès l'adoption, à l'âge de 8 semaines (voir pages 70 et 71), et ensuite à 12 semaines et à 1 an.

Avec une auxiliaire vétérinaire • Toutes les 4 semaines, celle-ci surveillera sa courbe de croissance et sa prise de poids.

Les vaccinations

Elles dépendront en partie de la proportion de certaines maladies dans votre région, ainsi que des produits utilisés (voir à gauche). Voici un exemple de progamme vaccinal classique.

Contre la panleucopénie infectieuse, le calicivirus félin, l'*Herpes virus* félin de type I et le virus de la leucose féline (voir pages 119 et 120) • Une première injection à 9 semaines, une deuxième à 12 semaines, associée au besoin au vaccin contre la rage, et un rappel à 15 mois.

Les vermifugations

Elles dépendront de l'importance et du type des infestations parasitaires répandues là où vous vivez. Le programme suivant est donné à titre indicatif :

Contre le ténia (voir pages 114 et 115) • Une dose initiale à 8 semaines, une dose supplémentaire tous les 2 ou 3 mois.

Contre les vers ronds (voir pages 115 et 116) • Une première dose à 8 semaines, une deuxième à 10 semaines, une troisième à 12 semaines, puis des doses suffisantes tous les 3 mois.

Le traitement des parasites externes

Votre programme de lutte antiparasitaire dépendra des types de parasites prédominant dans votre région, et des produits utilisés. Ce traitement antipuces est parfaitement classique (voir aussi pages 116 et 117).

Pour le chaton • Un traitement initial à 12 semaines, puis tous les 15 jours.

Pour la maison • Il est conseillé d'éliminer tout parasite de la maison avant l'arrivée du chaton, puis tous les 4 mois.

Le contrôle des naissances

Pour le mâle • La castration chirurgicale se pratique généralement à l'âge de 6 mois (voir page 122).

Pour la femelle • Le traitement hormonal régulier doit être entrepris après les premières chaleurs, ou après la saison des amours. La stérilisation, elle, intervient normalement quand la jeune chatte est âgée d'environ 6 mois, ou avant ses premières chaleurs (voir page 123).

Cet extrait d'un plan santé couvre les 5 premières semaines qui suivent l'adoption de votre chaton. S'il est de race pure, son arrivée se fera sans doute plus tard (voir page 36). Adaptez ce plan santé aux 12 premiers mois que votre jeune animal passera avec vous.

8e semaine

- brossage des dents (chaque jour) .... ☑
- toilettage rapide (chaque jour) .... ☑
- toilettage complet .... ☑
- bilan de santé à la maison .... ☑
- pesée .... date .... kg ....
- bilan de santé chez le vétérinaire date ....
- courbes de croissance et de poids date ....
- première dose de ténifuge .... date ....
- première dose de vermifuge .... date ....

9e semaine

- brossage des dents (chaque jour) .... ☑
- toilettage rapide (chaque jour) .... ☑
- toilettage complet .... ☑
- bilan de santé à la maison .... ☑
- pesée .... date .... kg ....
- premières vaccinations .... date ....

10e semaine

- brossage des dents (chaque jour) .... ☑
- toilettage rapide (chaque jour) .... ☑
- toilettage complet .... ☑
- bilan de santé à la maison .... ☑
- pesée .... date .... kg ....
- deuxième dose de vermifuge .... date ....

11e semaine

- brossage des dents (chaque jour) .... ☑
- toilettage rapide (chaque jour) .... ☑
- toilettage complet .... ☑
- bilan de santé à la maison .... ☑
- pesée .... date .... kg ....

12e semaine

- brossage des dents (chaque jour) .... ☑
- toilettage rapide (chaque jour) .... ☑
- toilettage complet .... ☑
- bilan de santé à la maison .... ☑
- pesée .... date .... kg ....
- bilan de santé chez le vétérinaire date ....
- courbes de croissance et de poids date ....
- deuxièmes vaccinations .... date ....
- troisième dose de vermifuge .... date ....
- traitement antipuces ....

Index

REMERCIEMENTS DE L'AUTEUR

Cet ouvrage est le résultat du travail de toute une équipe éditoriale, et je voudrais exprimer ma reconnaissance à plusieurs organismes et individus – tant humains que félins – pour l'aide qu'ils m'ont apportée dans la réalisation de ce livre.

Je remercie particulièrement mes amis et collègues pour leurs conseils généraux et leurs précisions plus spécifiques.
Dr John Bradshaw BA Phd, directeur de l'Institut d'anthropologie de l'université de Southampton (le seul centre de recherche britannique consacré à l'étude du comportement des chats et des chiens, et à leurs relations avec les humains).
Erica Peachey BSc (Hons), conseillère en comportement animal.
Dr Jo Wills BVetMed. MRCVS, vétérinaire.
John Down BVetMed. MRCVS, vétérinaire.
Elspeth Down BVetMed. MRCVS, vétérinaire.
John Robinson BDS (Lond.), vétérinaire.
Sue Parslow, éditeur du magazine *Your Cat.*
Peter Young, toiletteur professionnel maintes fois récompensé.
L'équipe éditoriale : Sam, Viv, Jane, Paul, Claire et Nina.

REMERCIEMENTS DE L'ÉDITEUR

Reed Illustrated Books voudrait remercier les organisations et personnes suivantes pour les photographies, les illustrations et les mannequins : Mr A. Glue, du Millbrooke Animal Centre (RSPCA), Chobham ; Pet Plan Insurance ; Craig et Janet Irvine-Smith, Sue Holden, Liz McGauley et Anne Walton, du Stonehenge Veterinary Hospital ; Waltham Centre for Pet Care and Nutrition ; Wood Green Animal Shelter ; Geoff Borin ; Jane Burton et ses enfants ; Nick Goodall ; Vicky Gray ; Rosie Hyde ; Jacky et ses enfants ; Vera Lopez ; Alison, Mike et Grace Molan ; Claire Musters ; Nicola O'Connell ; Mr et Mme Paul et leur famille ; Nina Pickup ; Sarah Pollock ; Michael Quinney ; Tim Ridley ; Helen Sargeant ; Herb Schmitz.

CRÉDITS PHOTOGRAPHIQUES

Animal Graphics Ltd/Angela Rixon : 93.
Animal Photography/ Sally Anne Thompson : 89.
Université de Bristol/Département des animaux de compagnie/ Dr Frances Barr : 17.
Bruce Coleman Ltd/Jane Burton : 38, 90, 121, 123 (haut).
Dr Gary England/Collège vétérinaire royal : 13 (bas), 16 (haut droite et bas droite).
Oxford Scientific Films/ Des et Jen Bartlett : 8/London Scientific Films : 114, 115, 116/John McCammon : 118/Franck Schneidermeyer : 80 (bas).
Pet City : 58.
Pedigree Pet Foods : 59.
Reed International Books Ltd/Jane Burton : 1, 2, 10, 12, 15, 16, 18, 19 (bas), 20, 21, 22, 23, 24, 25, 26, 27, 28, 29, 30, 31, 32, 33, 34, 35, 40, 41, 42, 43, 49, 52, 57, 60, 61, 62, 63, 64, 65, 66, 67, 68, 69, 70, 71, 72, 73, 74, 75, 76, 77, 79, 82, 83, 84, 85, 86, 98, 99 (haut), 106, 107, 108, 109, 110, 111, 113, 117, 128/ Nick Goodall : 95, 97/Rosie Hyde : 102, 103, 104/ Ray Moller : 44, 45, 46, 47/Tim Ridley : 3, 6, 54, 100, 101/Herb Schmitz : 99 (bas).
Photographies de couverture : Jane Burton (couverture, et 4^{e} de couverture).
Illustrations : Adam Abel : 51 ; Stefan Chabluk : 9, 14 (bas gauche et droite), 36, 80, 101, 105, 123 ; Liz Gray : 11, 13, 14 (haut), 19 (haut), 56, 114, 115, 116, 122 ; Chris Orr : 39, 87, 91.
John Robinson DS (Londres) : 112.
Tony Stone Images : 36 (haut), 37, 81/ Jerome Tisne : 48.
Zefa Picture Library : dos de couverture, 7, 9 (haut), 55, 92.

ÉLEVER SON CHAT
publié par Sélection du Reader's Digest
PREMIÈRE ÉDITION
Achevé d'imprimer : septembre 1997
Dépôt légal en France : octobre 1997
Dépôt légal en Belgique : D-1997-0621-127

Imprimé en Chine
Printed in China